LA CITÉ

Notre époque s'est découvert une nouvelle passion : l'intolérance.
Sur les réseaux et les plateaux, on criminalise celui qui ne pense pas comme nous. On le dénonce, on veut l'empêcher de parler.
Il est urgent de recréer un espace où puisse se tenir la rencontre sereine et exigeante des idées.
C'est tout le sens de cette collection d'essais des Presses de la Cité.
Poser les bonnes questions (même si elles dérangent), respecter les faits, ouvrir des perspectives : telle est la ligne de conduite de La Cité.
En un mot, raviver la liberté de l'esprit.

DANS LA MÊME COLLECTION

Mathieu Laine, *Infantilisation*, 2021

Mathieu Bock-Côté, *La Révolution racialiste et autres virus idéologiques*, 2021

Ferghane Azihari, *Les Ecologistes contre la modernité. Le Procès de Prométhée*, 2021

Mathieu Slama, *Adieu la liberté. Essai sur la société disciplinaire*, janvier 2022

SAUVONS LE DÉBAT

DU MÊME AUTEUR

Chasseurs de têtes (enquête), Stock, 1985
Los Cazadores de talentos (enquête), Planeta, 1986
Headhunting (enquête), CABV Verlag, 1992
Parlez-vous business ? (essai), Ed. JC Lattès, 1986
Le Bazar des nouveautés (essai), Stock, 1990
Opération Short List (roman), Editions de l'Arsenal, 1994
Paris-Soir France-Soir, la photo à la une (avec Philippe Labarde), Paris Musées, 2006
Le Tour du monde de la politesse, Denoël/*Le Monde*, 2012
Les Mots de l'époque (recueil), Ed. Autrement, 2014, et coll. « Entre guillemets », Gallimard Folio, 2015
L'Eté d'Agathe (récit), Grasset, 2016, et coll. « La petite vermillon », La Table ronde, 2017
Agathe's Summer, Skyhorse Publishing, 2018
En finir avec l'ironie ? (essai), Robert Laffont, 2018
Petit éloge du jazz (essai), Gallimard Folio, 2018
Une histoire de hamburger-frites, Robert Laffont, 2019

Didier Pourquery

SAUVONS LE DÉBAT
Osons la nuance

Les Presses de la Cité

92, avenue de France – 75013 Paris
ISBN 978-2-258-19712-1
Dépôt légal : novembre 2021

Journaliste depuis le début des années 1980, rédacteur en chef depuis 1991 pour *La Tribune*, *Metro*, *Libération* puis *Le Monde*, mais aussi dans divers magazines, président du site *The Conversation France* et de *Cap Sciences*, Didier Pourquery est l'auteur de dix récits et essais dont *Les Mots de l'époque* (Autrement), *En finir avec l'ironie ?* (Robert Laffont, 2018) et *Une histoire de hamburger-frites* (Robert Laffont, 2019).

J'aime les mots suivants, qui amollissent et modèrent
la témérité de nos énonciations :
« peut-être », « en quelque manière », « quelque »,
« on dit », « je pense », et semblables.

Montaigne, *Les Essais*, livre III, chap. 11[1]

1. Toutes les citations de Montaigne sont tirées de la version en français moderne établie par André Lanly, « Quarto », Gallimard, 2009.

Sommaire

Introduction

Ce qu'on appelle le débat…

On a les chemins de Damas qu'on peut. Le mien se situa place du Palais-Bourbon, un vendredi de janvier 2020, devant l'Assemblée nationale. Sortant de ce temple de la discussion démocratique, dans les sous-sols duquel je venais de participer à un débat sur LCP, je dus me rendre à l'évidence : non, décidément, je n'étais pas un « bon client ».

Personne ne me l'avait dit en face ; et au contraire, sur les différents plateaux sur lesquels j'étais intervenu ces dernières années – RTL, Figaro Live et LCP entre autres –, cela se passait plutôt bien. Les producteurs et animateurs étaient amicaux ; je retrouvais parfois quelques bons camarades autour de la table (quelques sombres buses, aussi) ; c'était assez agréable. Simplement ma conception de l'ironie interrogative, mon second degré – pourtant souriant – ne passaient pas auprès du public, ni a fortiori auprès des twittos.

Représentant *The Conversation*, un média sérieux qui met en avant l'expertise des chercheurs, je ne renonçais jamais à expliquer que la question en débat était un peu plus complexe qu'on ne le disait sur le plateau ; que tel sujet méritait d'être approfondi ; qu'il fallait adopter un autre point de vue ; que rien n'interdisait de questionner un jugement, fût-il porté par une star des médias… Bref, j'avais tendance à être emmerdant. Certes, j'enrobais ma profession de foi de sceptique dans des interventions courtes et interrogatives, relevées par un fond d'accent aquitain ; mais ce que je disais ne passait pas. Plus précisément : je n'étais pas à ma place parmi ces *fighters* du commentaire abrupt, ces *clashers* de l'opinion tranchée.

Et même, en ce jour de janvier 2020 où j'avais eu l'audace de paraître mettre en doute – oh, si légèrement – la compétence universelle de Greta Thunberg en matière de traitement des questions planétaires, je reçus sur Twitter une volée de bois vert.

Je fus « bashé », comme on dit, pour un bout de phrase ironique sorti de son contexte, tweeté à chaud par les *community managers* de l'émission en quête de buzz.

Ce minuscule incident – outre qu'il marqua la fin de ma carrière de débatteur multitâche – fut une révélation. Depuis près de vingt ans que j'intervenais dans ces émissions pour des journaux aussi divers que *Metro*, *Libération* ou *Le Monde*, jamais je n'avais trouvé ma place dans ces jeux de plateau. Je me forçais à poser, comme les autres, à l'éditorialiste omniscient, mais je sentais que ça ne trompait personne, et surtout pas moi. Journaliste avant tout, j'avais davantage envie de poser des questions que de pérorer en distribuant des avis tranchés ; avis dont je sentais qu'ils ne valaient guère mieux, pour les auditeurs, que ceux de mon voisin. Confronté à des polémistes surfant sur la mauvaise foi et les idées extrêmes, je comprenais les codes du combat mais je n'avais pas envie de les utiliser. Je voulais toujours… donner la préférence à la nuance.

Or, ces joutes audiovisuelles et numériques sans nuances sont les représentations, les vignettes, du débat politique tel qu'il se vit en France aujourd'hui. Mieux que ça : elles sont LE débat pour 90 % des Français, qui jugent que « le débat public tourne au dialogue de sourds, voire à l'affrontement[1] ». Le sociologue d'extrême gauche Geoffroy de Lagasnerie dit la même chose, de façon contournée, quand il affirme : « Je ne crois pas au paradigme du débat[2]. » Comme le youtubeur d'extrême droite qui enfarina Jean-Luc Mélenchon, le 13 juin 2021, déclarant aux journalistes, lors de son quart d'heure de célébrité : « Je ne crois pas au débat. »

Ce rejet qui monte, d'un peu partout, se comprend aisément. Binaire, caricatural, pauvre en données mais riche en émotions manipulées, ce débat-là n'est que l'ombre de ce que devrait être la dispute d'idées pour que la démocratie fonctionne correctement. Gagnant tous les supports, cette maladie manichéenne de la démocratie menace notre système, où la défiance généralisée tend à l'extrême les relations entre citoyens, politiques et médias. Oui décidément, en France, le débat est fort malade. Et parce qu'il est malade il ne *produit* plus rien.

Une conversation bien informée

Combien de fois, en étant spectateur de telles empoignades, vous êtes-vous exclamé : « C'est n'importe quoi ! » ? Non que le débatteur ait forcément émis une opinion contraire à la vôtre ; simplement, il avait brandi des chiffres fantaisistes, une interprétation tirée par les cheveux, ou un raisonnement approximatif ; avec un culot inversement proportionnel à sa rigueur.

Dites-vous que votre réaction est aussi celle de centaines de scientifiques et de chercheurs, de toutes disciplines, à l'écoute des énormités proférées sur les plateaux ou sur les réseaux sociaux. Ils ne supportent plus de voir, en boucle, ces experts autoproclamés ou à côté de la plaque (sociologues à tout faire, politistes omniscients, etc.) émettre des opinions sans vraie substance. Ce n'est pas que ces scientifiques et chercheurs s'imaginent détenir la vérité, mais ils ont trop de respect pour la recherche et l'analyse critique des faits pour donner un quelconque crédit à des bateleurs d'estrade.

Et c'est exactement la raison pour laquelle, avec quelques camarades, nous avons lancé en 2015 le site d'information en ligne *The Conversation France*, que je préside.

Voilà « d'où je parle » ; c'est ce qui me pousse à vouloir intervenir, par cet essai, dans le débat *sur le débat*. Partager du savoir pour que les débats soient moins creux ; en finir avec ces jugements hâtifs s'appuyant sur rien, ces informations non vérifiées, ces slogans grimés en vérités… tout ce bruit inutile.

Pour celles et ceux qui ne le connaîtraient pas, *The Conversation* est un réseau mondial lancé en Australie en 2010 pour nourrir le débat citoyen avec des analyses issues de la recherche. Ses huit sites touchent aujourd'hui soixante-dix millions de personnes sur les cinq continents. Le slogan australien proclame « *academic rigour, journalistic flair* » ; en français nous avons choisi : « l'expertise universitaire, la rigueur journalistique » ; l'idée est la même partout (preuve que ce mal du débat est mondial), en finir avec l'inanité des débats d'opinions suspendus en l'air. Notre objectif est d'offrir au grand public

– gratuitement et quotidiennement – des analyses solidement arrimées à des savoirs et rendues accessibles pour alimenter la réflexion sur l'actualité dans tous les domaines. Des analyses, et non des opinions ou des commentaires ; ceux-là sont déjà trop nombreux ; dans notre société, chacun veut y aller de son commentaire sur à peu près tous les sujets.

« Je ne suis pas médecin, mais... » est une antienne qu'on a entendue des milliers de fois pendant les vagues de pandémie. Précédant en général quelque opinion frappée au coin du « bon » sens, ou fondée sur un préjugé, pauvre de contenu, croisé d'un bout d'information attrapé au vol quelque part. C'est ainsi que le débat s'enlise dans nos démocraties, s'étouffant dans le bavardage généralisé, marasme verbeux d'autant plus dangereux qu'il est souvent à l'origine de nombreuses manipulations.

D'où notre obsession, à *The Conversation*, pour la transparence de nos sources et notre indépendance, pacte de confiance premier avec les lecteurs. Pour y parvenir, notre média a adopté un statut d'association d'intérêt général, à but non lucratif, sans publicité, avec une seule et exigeante mission : faire entendre la voix de la recherche dans la conversation publique ; en s'appuyant sur une conversation quotidienne entre nos journalistes et les soixante-quinze mille enseignants-chercheurs qui partagent leur savoir sur notre site. Et c'est tout.

Vous le voyez, comme toute bonne idée, celle qui a présidé au lancement de *The Conversation* est simple, presque évidente. Dès le jour où un camarade basé à New York[3] m'en a parlé, j'ai voulu en être pour lancer la version française. J'étais fasciné par la puissance modeste de ce nouveau média expliquant simplement ce qu'il voulait faire, sans arrogance, et qui le faisait !

Pour moi, en effet, le journalisme se résume en deux mots : curiosité et générosité. Je vois mon métier, depuis quarante ans que je le pratique, comme celui d'un passeur au service de l'intérêt commun. Ce qui m'a conduit parfois à prendre des positions controversées ; ancien de *Libération* et du *Monde*, j'ai dirigé le média gratuit *Metro* pendant cinq ans depuis son lancement en 2002, pour rendre accessible l'information auprès du plus grand nombre (c'était avant la généralisation des portables « intelligents »). Prenant le métro chaque jour j'y croisais depuis des années des dizaines et des dizaines de personnes qui ne lisaient rien. J'ai aimé leur donner de l'actualité à lire pendant une quinzaine de minutes chaque jour. Gratuitement. De quoi produire de fortes inimitiés… mais un large lectorat (qui ne lisait pas ou plus, pour la plupart, des journaux « classiques ») !

Pour *The Conversation*, le défi était ailleurs, non plus faire lire des lecteurs qui ne lisaient plus de journaux, mais convaincre les enseignants-chercheurs de partager leur savoir, en confiance et en direct, vers un large public. Les pousser à apporter de l'information nuancée dans les discussions politiques, scientifiques, médicales, etc. Les premiers mois ne furent pas faciles, il faut le reconnaître. Tout concept simple peut apparaître simpliste – surtout dans notre pays – et susciter la méfiance. Il fallut beaucoup de pédagogie et de conviction pour convaincre que nous étions animés de la seule volonté de diffuser l'expertise des chercheurs, sans « agenda caché ». Mais le jeu en valait la chandelle.

Nous fûmes objectivement aidés par l'actualité. Notre lancement, préparé après les attentats de janvier 2015, précéda de peu les attentats de novembre de la même année. Le débat faisait rage alors autour du djihadisme. Nous publiâmes le 9 novembre 2015 l'analyse d'une directrice de recherche à Sciences Po, Riva Kastoryano, fondée sur vingt ans de recherche sur le sujet et qui fut lue par plus de deux cent vingt mille personnes en quelques jours, démontrant qu'on pouvait écrire sur ce sujet sans passion ni excès. Quelques mois plus tard les chercheurs de notre réseau apportèrent au débat sur la loi travail (dite loi El Khomri) des éléments originaux qui contrastaient avec ce qu'on pouvait entendre sur les plateaux, et qui s'appuyaient sur des faits observés dans la longue durée et des chiffres solides. La période de pandémie a ajouté au crédit que nous avons gagné. Les analyses que nous avons publiées sur la Covid-19 ont été lues et abondamment reprises grâce à la pertinence de leurs données.

Dans ce paysage de débats binaires et violents, où les tenants de la simplification à outrance tiennent le haut du pavé avec arrogance, nous faisons entendre une autre chanson, la voix de la nuance, du doute constructif, de la recherche de bonne foi. Notre démarche fait droit à ce que trop d'intervenants sur les plateaux négligent : la complexité du réel, que les jeux politiques s'efforcent de traduire en choix manichéens et simplificateurs ; nous présentons, quant à nous, des points de vue fondés sur des chiffres vérifiables, des observations rigoureuses, des hypothèses argumentées.

Pour moi, cet engagement s'inscrit dans une ligne que j'ai toujours défendue : s'appuyer sur l'esprit critique et le doute fécond plutôt que sur le cynisme et la défiance généralisée ; rechercher des solutions applicables plutôt que hurler des slogans dogmatiques ; écouter l'autre plutôt que l'écraser de son mépris ; rester ouvert et curieux plutôt que se satisfaire de dogmes dans l'air du temps. Le journalisme moderne est pour moi un journalisme modeste, qui sait faire son travail de dévoilement, de questionnement et de partage, à sa place, souvent dans l'ombre, sans idéologie ni pédantisme. Le journaliste n'est pas là pour donner des leçons, mais pour transmettre des informations éclairantes et utiles.

J'en ai fait une affaire personnelle, intime, presque... au point de m'être transformé à soixante ans en *start-upeur* précaire pour lancer *The Conversation*. En bref : à la question – légèrement surannée – posée plus haut : « D'où parles-tu, camarade ? », je peux répondre sans faiblir : de l'intérieur même de la conversation.

Cependant, une fois considéré que le débat souffre de la disparition de la nuance, il faut aller plus loin. Dépasser les lamentations et se colleter aux deux questions qui valent : qu'est-ce que la nuance et comment la faire revivre pour qu'elle revivifie le débat ? Je ne suis peut-être pas un bon client, mais je suis un journaliste têtu. J'en ai fait mon sujet après mon ultime débat télévisé… et j'ai décidé de ne plus le lâcher.

Une quête qui commence mal mais finit bien

Sans y être encouragé outre mesure, notons-le. « Bon courage ! » fut à peu près la seule réponse que j'obtins de mes amis. Ayant écrit un essai il y a quelques années où je défendais l'ironie[4] et son pouvoir prophylactique face à l'envahissante bêtise et aux cyniques de tous bords, je m'attendais à cette réaction. Je partis en exploration, sans me laisser impressionner.

Je commençai mon enquête par l'ennemi de la nuance qui caractérise le mieux le débat politique en France – et lui nuit le plus – : l'arrogance politique et intellectuelle. Le « pédantisme » de « ceux qui savent », que dénonçait déjà mon cher Montaigne[5]. Vaste sujet, tant notre pays crève sous l'omniprésence et les injonctions de cuistres de toutes sortes. Emporté par mon élan, je faillis d'ailleurs me perdre dans cette voie-là, tant elle m'obsédait.

Je finis par prendre conscience qu'il était plus utile de mettre en valeur le pouvoir de la nuance et de la modération. S'ouvrit alors devant moi un monde immense et stimulant. D'Héraclite à Montaigne, de Madame de Rambouillet à Camus, de Condorcet le mathématicien à Etienne Klein le physicien, s'étendait un espace où pouvaient cohabiter réflexion et engagement, approfondissement et discours ferme.

Bien sûr, le mot « nuance » a mauvaise presse. Je m'en rends bien compte.

Dans les nombreuses tables rondes que j'anime, si quelqu'un ose dire : « Je voudrais nuancer ce qui vient d'être dit », le public zappe (attention, il va y avoir un tunnel !). Puis le mot « nuance » évoque la modération, ce beau terme célébré par Montaigne[6] mais honni dans notre pays où il faut être franchement révolutionnaire, franchement réactionnaire, en tout cas franchement excessif pour exister sur la scène publique ; quitte à ne rien réaliser d'utile.

Enfin, parce que depuis le 17 octobre 2012, jour du lancement en France de la trilogie « Cinquante nuances », le mot est associé au martinet mollasson et aux menottes fourrées. Ça ou le casseur d'ambiance sur un plateau… on reste dans le registre de l'emmerdant[7], je l'admets.

Heureusement, au cours de l'année 2020 quelques signaux stimulèrent ma quête : une belle série d'été dans *Le Monde* intitulée « Le courage de la nuance[8] », puis un solide dossier de *Philosophie Magazine*[9]. Ici et là, des voix se sont élevées, politiques et journalistes, qui m'ont conforté dans ma recherche, au milieu du tumulte des cuistres-certains-de-tout, des forts en gueule numériques et des matamores du « 280 signes ». Continuant de lire et d'écouter ce qui se disait mezza voce sur la nuance, je n'eus plus de doute : la nuance était le carburant nécessaire à la relance de la conversation citoyenne, du débat civilisé. Elle peut marquer des points quand elle s'intercale, comme on dit au rugby.

Dans l'ouvrage que vous avez entre les mains j'ai voulu, une fois le constat posé de la crise de la nuance, réfléchir sur la réintroduction de cette espèce menacée dans l'écosystème du débat. Une partie de la réponse vient de ce qu'elle est, et de ceux qui en parlent le mieux ; définir la nuance et ses usages se révèle un exercice joyeux, une plongée dans le chamarré. Nous commencerons par cela, comme on diffuse le portrait d'une personne disparue. Et même si le portrait est un peu flou, il nous donnera des repères.

Puis il conviendra de démonter la fabrique à manichéisme, la machine médiatico-idéologique à tuer la nuance ; pour la simple raison que la révolution numérique et médiatique est ce qui a pesé le plus lourd dans la disparition susmentionnée ! Apparaîtront alors les failles du système qu'il serait judicieux de combler. Quelles nuances opposer à l'urgence, à l'arrogance, à la violence radicale, à la culture de l'offense et à la défiance généralisée ? A chaque combat sa forme de nuance, puisqu'une de ses caractéristiques est la plasticité. Il existe même quelques outils bien commodes pour le courageux débatteur féru de nuance. Nous les énumérerons pour conclure.

Un avertissement, cependant, avant de partir dans notre quête. Il y sera beaucoup question de Montaigne. Est-ce parce que, Aquitain, j'ai une attirance géographique pour ce tenant de la modération qui fut maire de Bordeaux ? Sans doute. Mais, surtout, je ne peux m'empêcher de trouver de multiples résonances contemporaines dans les trois livres des *Essais*. Ils sont tout à la fois un guide de réflexion et une source de réconfort pour nos temps troublés. « Lisez Montaigne, écrivait Flaubert, qui l'adorait, lisez-le lentement, posément ! Il vous calmera[10]. »

Il fut en vérité, un compagnon bienveillant tout au long des recherches et de la rédaction des pages suivantes. N'écrit-il pas : « Nous n'aimons pas la rectification de nos opinions ; il faudrait au contraire s'y prêter et s'y offrir, notamment quand elle vient sous forme de conversation, non de leçon magistrale[11] » ?

Chapitre 1

Vous sentez la nuance ?

La conversation constitue pour Montaigne « l'exercice le plus fructueux et le plus naturel de notre esprit ». Au point qu'il lui consacre en 1587 un de ses essais les plus célèbres, « De l'art de conférer[1] », qui sera au siècle suivant loué par Pascal lui-même comme « incomparable ». Montaigne aime converser, certes, mais dans certaines conditions. Il faut suivre des règles, un ordre, ne pas partir dans tous les sens ; ne pas proférer d'« ineptie » (qu'il voit comme un mélange de légèreté, d'« importunité » et de bêtise) ; ne pas se payer de mots. Il se méfie du langage et du pédantisme. Il est allergique à la sottise, qu'il décrit longuement, parce qu'il regrette qu'elle le fasse sortir de ses gonds. En bref, il en tient pour le modèle athénien et romain du dialogue, nourri correctement par des interlocuteurs « raisonnables », précise-t-il. Cela ne signifie pas non plus qu'il souhaite des débats mous qui « craignent le choc » ; il aime être contredit, « vigoureusement » même, car c'est ainsi qu'il apprend, nous dit-il ; en écoutant les arguments toniques des autres. Il apparaît ouvert à tous les arguments, à toutes les opinions ; tolérant et antidogmatique par sa pratique des philosophes du scepticisme, il « suspend son jugement ». Tout, dans la pratique de la conversation, doit concourir à un seul but : la recherche de la vérité. Par touches successives.

Tout est dit dans l'approche de Montaigne de l'art de converser, mais comment parvenir à cet idéal ? Comment retrouver aujourd'hui des pratiques de débat fécondes ?

En y réintroduisant précisément de la nuance ! Ou plutôt en jouant sur les riches possibilités de l'approche nuancée, ses glissements, ses passages, ses détours parfois. Pour s'en convaincre, il n'est que de se plonger dans cette drôle d'idée, plus une pratique qu'un concept d'ailleurs.

Vous avez dit « nuance » ?

Nuance est un mot que l'on peine à attraper ; il se fond, s'insère, se dissout. Quel est cet insaisissable qui évoque les nuages, les nuées, le nu ? Ce modeste qui rime avec espérance, violence, affluence, offense, danse… et surtout pense ? Que disent ces deux syllabes articulées autour du glissement du « u » au « an », ce passage en douceur évoquant un phonème chinois, qui paraît nous entraîner immédiatement dans la subtilité ?

Au vrai, il fait partie de ces termes que nous utilisons, de temps à autre, quotidiennement et sans vraiment y penser, dans des expressions convenues : « vous saisissez la nuance ? » ; « je voudrais apporter une nuance » ; ou, tout simplement, « nuance ! », après avoir corrigé une généralité attrapée au vol. Il s'agit d'un de ces mots qu'on semble bien connaître ; pourtant, si on y regarde de plus près, il révèle des trésors de sens inconnus et fort utiles pour notre propos.

Et d'abord, d'où vient-il ? De « nuer », un verbe peu connu, en usage dès le

XIVe siècle. Nuer parle d'assortir des couleurs, de choisir les fils et les tissus d'une composition, d'une broderie, d'une tapisserie. Le mot « nuer » donnera « nuancer » en gardant toujours cette idée d'harmonie, de dégradé de couleurs, de délicatesse des tons, de finesse des associations. L'étymologie est précieuse, elle contribue déjà à découvrir l'étendue des champs sémantiques que recouvre le mot.

Tout commence donc par des couleurs. Le domaine de la nuance dans l'art pictural est fondamental ; et riche d'enseignements. Des couleurs, ou plutôt ce qui se passe autour, à côté ; quand la couleur est dégradée, quand le ton se dilue, se mélange, pour approcher de la juste vibration, pour donner du relief. On s'approche du réel qu'on veut évoquer, d'une certaine vérité. S'il n'y a pas de nuance, il n'y a pas de profondeur.

Il s'agit d'un parcours, une voie qui traverse le nuancier, la gamme. Grâce à la nuance, rien n'est totalement figé, tout vibre autour de plusieurs tons. Le peintre et illustrateur Patrick Le Tuault l'exprime ainsi[2] : « Un tableau est un éloge de la nuance, car le langage de la peinture s'exprime à travers les infinies variations des valeurs lumineuses et colorées. »

Ces variations, quand elles s'expriment dans un « langage » parfait, ne sont pas le résultat d'une vision « à plat » mais d'une recherche que l'artiste mène en profondeur.

L'expert en pédagogie et systèmes éducatifs Michael Fullan considère[3] Léonard de Vinci comme « le saint patron de la nuance ». Il décrit la méthode de Leonardo consistant à disséquer les corps certes (il n'était pas le seul) mais aussi à expérimenter les mécanismes, entrer dans la compréhension profonde de la physique des corps ; c'est ainsi que ce génie va créer des dessins et des tableaux parfaitement nuancés, qui ne restent pas à la surface de la peau mais traduisent les forces sous-jacentes. Le peintre choisit la complexité contre la superficialité et la fait apparaître par le subtil jeu d'ombres et de couleurs judicieusement placées, parce qu'il est allé « voir en dessous ».

Cette recherche donne aussi l'unité à l'œuvre ; le réel figuré devient un tout, parce qu'il est intelligibilité de ce qui fait en profondeur un corps, et qu'il traduit grâce à l'agencement des nuances.

Je ne peux m'empêcher de penser au célèbre poème de Paul Verlaine, « Art poétique[4] ». Au cœur de ce qui a été parfois présenté comme un manifeste symboliste, on trouve ce beau quatrain :

Car nous voulons la Nuance encor,
Pas la Couleur, rien que la nuance !
Oh ! la nuance seule fiance
Le rêve au rêve et la flûte au cor !

Le bleu n'est pas un seul bleu, mais se décline en gamme selon ses degrés, ses intensités, ses valeurs, de turquoise à indigo, d'outremer à bleu de Prusse. C'est ainsi que le bleu du ciel et celui de la mer se « fiancent », qu'ils vibrent avec le vert des pins, avec des reflets, ou des ombres.

Notons tout de suite que si la nuance paraît être au cœur de ce qui fait la peinture, elle l'est aussi dans la plupart des arts, dont la littérature, « maîtresse des nuances », selon Barthes. Lorsque Madame de Staël veut rendre hommage au génie allemand des lettres, elle note[5] que « Goethe a parcouru toutes les nuances de l'amour ». Nietzsche, quant à lui, placera l'art – et ses nuances – au-dessus de tout, y compris au-dessus des aspirations à l'absolu. Dans *Par-delà bien et mal* il écrit[6] : « Durant ses années de jeunesse, on honore et on méprise encore, sans cet art de la nuance qui constitue le plus grand bénéfice de la vie, et, ce n'est que justice, on doit expier durement d'être ainsi tombé sur les hommes et les choses à coups de oui et de non. Tout est fait en sorte que le pire de tous les goûts, le goût de l'inconditionné, soit cruellement dupé et abusé jusqu'à ce que l'homme apprenne à mettre un peu d'art dans ses sentiments. »

Mais revenons à nos couleurs et au texte de Patrick Le Tuault. Allant plus loin dans l'analyse des « vibrations » d'une couleur, l'artiste y évoque « le rythme et la composition qui structurent la lisibilité de l'œuvre ». L'art d'un tableau résonne alors avec celui d'une composition musicale par le truchement de la nuance. Elle ajoute à l'œuvre de la profondeur, on l'a vu ; elle « fiance la flûte au cor » ; elle permet des passages d'un état à un autre, elle ménage des transitions ; mais on pourrait aussi avancer qu'elle crée du réel autour de la ligne, de la simple note (de couleur ou de musique), à l'intérieur d'un ton ou d'une tonalité.

« De la musique avant toute chose », dit le poète. Dans le registre musical, la nuance a un sens bien précis. Elle s'applique aux degrés de force ou de douceur, de délicatesse du son, décrit l'intensité relative d'une note, d'une phrase ou d'un passage d'une œuvre. On indique par un signe ces éléments qui permettent à l'interprète de rendre la dynamique du morceau : *pp* pour *pianissimo*, *mf* pour *mezzo forte*, etc. Mais aussi les signes > pour *decrescendo* et < pour *crescendo*. Varier les intensités donne du relief à l'œuvre, au discours (musical), pour les rendre intéressants et vivants.

L'intensité varie, l'interprétation en tient compte. Ce concept de juste interprétation est une clé pour notre propos : il est tout entier une affaire de nuance. Lisez, par exemple, les surprenantes indications de nuance de la *Gnossienne n°1* d'Erik Satie ; elles sont très originales, comme si le compositeur avait voulu créer de la nuance dans la nuance ; elles disent : « très luisant », « questionnez », « du bout de la pensée », « postulez-en vous-même »… On reste un peu perplexe devant de telles indications, mais elles obligent l'interprète à approfondir la compréhension qu'il a de l'apparente simplicité de la suite de notes imprimée sur la partition.

Il existe, chacun le sait, des indications musicales d'un autre type : *largo*, *allegro*, *vivace*, *prestissimo*... le compositeur joue alors sur les nuances du tempo. Il peut même affiner encore, puisque, par exemple, entre *andante* et *moderato* s'intercale *andantino*. Le tempo peut être suspendu un moment, laissant libre cours au talent de l'interprète (*ad libitum, a piacere*, *rubato*...). Vient ensuite le talent de l'interprète qui ajoute à l'ensemble ses propres nuances, qui sont alors des particularités délicates de l'expression. Comme lorsqu'on fait un discours ou qu'on mène une conversation : il convient d'avoir le mot juste, de ne pas se satisfaire d'approximation, mais on peut prononcer ce mot avec diverses nuances (de mélancolie, d'ironie...) et jouer avec les silences, plus ou moins longs.

Observez une partition. On y trouve en somme ce qui est au plus profond de l'idée de nuance : elle a à voir avec ce qui est « entre ». Qu'y a-t-il entre ce degré et le suivant, ou le précédent ? Que peut-on trouver dans l'espace que l'on va ménager entre deux notes, deux intensités, deux tempos, pour approcher du juste degré souhaitable ? Soudain, cette note, cette teinte intermédiaire, vient résoudre ce qui précède. La résolution, ce moment de grâce qui suit les exposés de thèmes, les variations et le retour au thème, s'impose comme une évidence, dans la conclusion, la coda.

Une grâce qui nous accompagne après le dernier son… On connaît la phrase de Sacha Guitry : « O privilège du génie ! Lorsqu'on vient d'entendre un morceau de Mozart, le silence qui lui succède est encore de lui[7]. »

La coda, la queue, est la fin de l'œuvre mais ne serait donc pas son point final. Qu'on me permette ici une courte digression. En matière de littérature, ce qui rythme l'œuvre, outre les actions et les mots eux-mêmes, est la plupart du temps la ponctuation. Ses indications, ses signes, évoquent la notation musicale bien sûr. Il y a le point, la virgule, les deux-points, les points de suspension chers à Céline… et il y a le point-virgule. Amateur de nuance, j'ai une tendresse toute particulière pour ce signe que je vois comme un repère quasiment musical. Présenté par les manuels classiques de Littré et Grevisse, comme une « pause moyenne » dans un texte, il est utilisé, selon Jacques Drillon[8], pour marquer, lier sans séparer, organiser un discours construit avec élégance. Toujours selon Drillon : « L'accumulation de points-virgules, lorsqu'elle est bien pensée, se traduit par la répétition de la même mélodie : le point-virgule est un des signes essentiels d'une rhétorique fondée sur les rapports mélodieux et rythmiques. »

En ce qui me concerne, le point-virgule, cette division hybride de la phrase, me semble rendre le texte plus fluide, moins heurté, moins agressif. Mais tout aussi efficace ; c'est la ponctuation préférée de Herman Melville et de Henry James (Hemingway et Kurt Vonnegut la détestent[9]). Avec des points-virgules, ce qu'on dit respire mieux, les ouvertures pratiquées dans les phrases sont plus légères, mais bien présentes ; elles aident à saisir le propos, sans enfoncer le coin d'un point qui brise le flux.

Cette digression, très personnelle, nous conduit à regarder, cette fois, ce qu'il y a entre les points et les virgules. Place à la musique des mots et aux mots eux-mêmes, puisque, après tout, dans un débat c'est par eux que la nuance s'installe.

Quand la nuance nous prend au mot

On raconte[10] qu'Emile Littré, l'homme du dictionnaire, n'étant pas de bois, avait un faible pour sa bonne. Mme Littré les trouvant tous les deux dans une situation peu équivoque, s'écria : « Ah, monsieur, je suis surprise ! » En se rajustant, le grand homme lui répondit : « Non, madame, vous êtes étonnée. C'est nous qui sommes surpris. »

Cette histoire, vraisemblablement apocryphe, illustre une première approche (!) de la nuance. Elle nous introduit dans le domaine de la subtilité langagière en suggérant qu'il vaut toujours mieux utiliser le mot juste, quelle que soit la circonstance.

Dans la discussion, les notes et les couleurs sont des mots, des phrases. Si le débat est malade, diagnostique le philosophe des sciences Etienne Klein, c'est qu'il « manifeste une crise du langage : on parle beaucoup avec des slogans, or clamer un slogan et réfléchir sont deux choses complètement différentes[11]». La forme du slogan, on le sait, use et abuse des raccourcis mais aussi des amalgames et des équivalences forcées. D'où, par exemple, ces qualificatifs agressifs, ces raccourcis accusateurs qui occupent l'espace (islamophobie, xénophobie, homophobie, grossophobie, etc.).

Qu'attendre de la nuance dans ce contexte ? Elle vient d'abord nous apprendre à nous méfier des synonymes forcés, à chercher dans les subtilités de la langue, ce qu'il y a « entre » les mots pour trouver le terme le plus exact. On peut considérer la nuance, dans son sens le plus fin, comme la différence de sens qui existe entre deux synonymes, entre deux termes de sens voisins.

D'ailleurs, quand Montaigne parle de converser, il emploie le mot « conférer ». Ce mot est au cœur de notre propos puisqu'il signifie à l'origine (XIVe siècle) « comparer deux textes entre eux », les « rapprocher ». C'est plus tard, au XVe siècle, que l'on se met à plusieurs pour cet exercice qui devient un entretien ; conférence signifie alors conversation, mais la recherche de la nuance en est toujours le moteur.

Ici, il faut mentionner un argument classique du débat télévisuel. Dès que le « nuanceur » cherche à trouver le mot juste plutôt que de se laisser aller à réagir à un mot excessif, on lui rétorque invariablement : « Vous jouez sur les mots, là. » Tant est fiché dans la tête de certains qu'il n'existe qu'un point de vue et un seul sur le réel. Le réel est blanc, ou il est noir. Or, celui qui cherche la nuance tente de trouver la teinte juste ; parfois même entre le blanc et le gris. Il ne joue pas, il essaie seulement de trouver le mot exact pour décrire ce qui est « en réalité ».

Prenons un exemple qui fait écho aux slogans mentionnés plus haut : si dans un débat sur les sciences humaines, je tente de parler de « science sociale engagée » au sens où l'entendait Bourdieu[12], plutôt que de me laisser enfermer dans le binaire « science pure – science idéologique », on va me dire que je joue « sur les mots ». Mais ce n'est certes pas d'un jeu, au sens du tour de passe-passe d'un illusionniste, qu'il s'agit. On est plutôt là dans le domaine du jeu que l'on ménage pour que différentes pièces puissent bouger. Quand il y a du jeu, il peut y avoir mouvement, repositionnement, réajustement.

Rien n'est bloqué car on se « donne du jeu ». En cherchant le terme exact, même entre des synonymes, on se rapproche de cette complexité faite d'histoire, de relations multiples, de jeux de pouvoir.

Cité par Alexandre Lacroix, qui le considère un peu comme l'ancêtre de la nuance[13], Héraclite écrit : « Les choses froides se réchauffent, les chaudes se refroidissent, les humides se dessèchent, les sèches s'humidifient[14]. » « Non seulement, explique Alexandre Lacroix, pour Héraclite [...] rien n'est immobile et tout s'écoule, mais la réalité même qui nous entoure n'est composée que de degrés, de transitions, de passages [...] dans un univers changeant, tout en degrés et en divergences, un point de vue trop tranché, une proposition massive et univoque ne peuvent être que la marque de l'ignorance ou de l'erreur. »

L'art de la nuance en lexicologie est l'art d'utiliser toutes les teintes intermédiaires, des dégradés entre les mots[15], de les faire jouer entre eux, jusqu'à ce que l'on trouve le mot juste. Cela nécessite, comme l'indique Etienne Klein, de réfléchir soigneusement. Mais alors l'effet du mot juste est bien plus fort que celui du slogan, car il fait avancer le débat alors que le slogan le ferme. Etienne Klein précise[16] : « La vérité suppose pour être dite de façon juste que les propos qui prétendent la nommer soient nuancés ; et même une vérité radicale peut être dite de façon nuancée. »

Le poids des mots justes

Je pense ici à Bernanos décrivant ce qu'est vraiment la guerre d'Espagne dans *Les Grands Cimetières sous la lune* en 1938[17]. Celui qui fut un fervent royaliste raconte le « spectacle dégoûtant » de la guerre franquiste telle qu'il la voit sur le terrain. Au moment où chaque camp durcit à l'extrême ses positions, Bernanos tient à dépeindre correctement ce qu'il a sous les yeux, en s'élevant contre ses anciens camarades, contre Maurras même, dont il écrit, en le déplorant, que « le doute lui apparaît comme un vice de l'âme ». La lucidité de Bernanos fait écho à celle de Péguy écrivant (en 1910) : « Il faut toujours dire ce que l'on voit : surtout il faut toujours, ce qui est plus difficile, voir ce que l'on voit. » Cela s'appelle la lucidité, elle est le point commun de ceux qui s'engagent dans la nuance. Elle seule sait fuir les clichés excessifs, les lieux communs radicaux, pour décrire une situation. Même la pire.

Chercher le mot exact plutôt que le « bon mot », ou la petite phrase, conduit à entrer dans la subtilité. Cela n'a pas, non plus, bonne presse. La subtilité est souvent vue comme une échappatoire vers l'atténuation, l'argutie ; couper les cheveux en quatre pour détourner le regard du « vrai scandale », toujours majeur, pour l'amoindrir. « Jouer sur les mots » ce serait cela, selon les radicaux. Accusation injuste, on l'a vu : simplement, la nuance calme le jeu ; elle fait baisser la tension pour trouver, après réflexion, l'expression qui convient vraiment à la situation.

Un exemple récent : si parler d'islamo-gauchisme est payant, à très court terme, à l'intérieur d'une « séquence » politiquement délicate, il vaut quand même mieux chercher les mots justes pour décrire les positions de l'extrême gauche pro-palestinienne, d'ex-trotskistes influencés par le décolonialisme, ou les engagements de militants associatifs passés de l'antiracisme à la religiosité trouble. Ce genre d'imprécation est peu opérationnelle ; pensez aux « rouges-bruns », aux « néo-cons », aux « nouveaux réactionnaires », aux « Khmers verts » qu'on nous ressert régulièrement ; ils ne servent qu'à enfermer son adversaire dans une case où il pourra apparaître comme l'ennemi irréconciliable ; celui par rapport auquel on pourra se situer confortablement… mais avec lequel on ne voudra pas converser.

Pourtant, les mots justes sont parfois plus destructeurs que le slogan infamant et imprécis, donc de peu de valeur. Prenez le mot « fasciste » ; l'utiliser à tort et à travers lui fait perdre de sa force, quand il s'agit de nommer ce qui pour de bon ressort d'une dérive fasciste (avec milices, interdits, fanions et culte du chef). Qualifier un pouvoir d'autoritaire, abusif ou arbitraire semble la plupart du temps suffisant pour le disqualifier ; nul besoin de convoquer à chaque fois la panoplie mussolinienne. La réduction ad hitlerum est bien une réduction, qui fragilise celui qui en fait usage…

Dans une étude intitulée « Sur une philosophie de l'expression » (1944), Camus, commentant le travail du philosophe Brice Parain, écrivait : « L'idée profonde de

Parain est une idée d'honnêteté : la critique du langage ne peut éluder ce fait que nos paroles nous engagent et que nous devons leur être fidèles. Mal nommer un objet, c'est ajouter au malheur de ce monde. Et justement la grande misère humaine qui a longtemps poursuivi Parain et qui lui a inspiré des accents si émouvants, c'est le mensonge[18]. » En 1951, Camus reprendra cette idée, sous une autre forme, dans *L'Homme révolté*, en écrivant « la logique du révolté est [...] de s'efforcer au langage clair pour ne pas épaissir le mensonge universel ».

Dialogue, dispute et conversation

La recherche des mots justes, ceux qui vont permettre d'avancer en direction de la vérité, peut se faire dans le cadre d'une réflexion personnelle certes, par l'étude des livres, « activité languissante et qui n'enflamme pas », remarque Montaigne ; ou par la conversation, qui « apprend et exerce en même temps »[19]. Puisque nous traitons ici de l'échange d'idées, observons son évolution de plus près, pour voir où la nuance est à l'œuvre.

Au départ, il y a le dialogue. Nos souvenirs de Platon – et Socrate – ont magnifié cette pratique philosophique. Il s'agit d'échanger des arguments sous diverses formes ; on y trouve des questions, des lignes de raisonnement, de la logique et des anecdotes. Les deux personnes face à face racontent aussi des histoires, évoquent des mythes, « frottent et liment leurs cervelles » l'une contre l'autre, comme dit Montaigne. Et à la fin… c'est Socrate qui gagne ! « Tu as raison » est la conclusion de ces exercices. Le dialogue est ainsi une démonstration, une approche de la vérité. En douceur. Personne n'est mort, personne n'est vraiment ridicule, même s'il y a de mauvais perdants, mais le dialogue, vécu sur-le-champ ou réécrit après coup, a une destination et une seule, le vrai. C'est aussi une forme littéraire : quand Diderot écrit ses dialogues avec d'Alembert, il met en scène une recherche philosophique de groupe ; croisée avec d'autres conversations, elle forme un ensemble de confrontations de points de vue qui conduit à une sorte de fusion intellectuelle par touches successives, où les nuances se fondent.

L'exercice antique, lui aussi, a ouvert le dialogue à d'autres participants, lors de banquets qui apparaissent comme les ancêtres des conversations de salon. On y échange idées, histoires et anecdotes très librement. Le plus complet d'entre eux fut décrit – par le menu, si j'ose dire – par Athénée de Naucratis au IIIe siècle sous le titre *Les Deipnosophistes*[20]. Les convives de Livius Larensis, tous fins lettrés, y conversent sans fin sur les sujets les plus divers, depuis Homère jusqu'à la cuisine, en passant par l'amour, la comédie et la philosophie. Chacun y va de ses citations, comme une sorte de grand jeu d'érudition, pour le seul bonheur de l'échange libre. Il y a du plaisir dans ces conversations de banquet, beaucoup plus que dans les dialogues antiques strictement philosophiques.

Les choses redeviennent sérieuses au Moyen Age, avec la pratique de la dispute (*disputatio*, plutôt), une méthode d'enseignement et de recherche qui émerge dès le XIe siècle. A cette époque l'université – de théologie – a deux outils pédagogiques, le commentaire et la dispute ; on lance cette dernière quand des commentaires se contredisent. La bonne vieille dialectique aristotélicienne est convoquée. On cherche des arguments de raison, on les examine et on parvient à une solution, une doctrine, que le maître va confirmer. Car la dispute confronte un maître à des étudiants et s'il y a recherche commune, c'est bien pour parvenir à la vérité magistrale. Tout cela obéit à des règles codifiées et s'ouvre peu à peu à d'autres disciplines que la théologie. Notons tout de même que dès le XIVe siècle les disputes se tendent ; « l'autre » devient l'adversaire[21]. La violence produite par le dogmatisme conduit à des disputes qui tournent mal (pour celui qui perd).

Tout autre est la conversation humaniste célébrée par Montaigne et surtout les conversations de maison, ou de salon, qui vont émerger en France au début du XVIIe siècle. Dans son ouvrage de référence sur ce phénomène[22], Benedetta Craveri décrit cet « idéal d'une conversation sachant conjuguer légèreté et profondeur, élégance et plaisir, recherche de la vérité et respect de l'opinion d'autrui », qui nous fait rêver aujourd'hui. Ces rencontres apparaissent et se développent en marge de la cour, chez des femmes de l'aristocratie (Madame de Rambouillet, à l'origine) qui veulent d'abord offrir à leurs pairs des lieux où échanger pour leur plaisir, comme pour un jeu de société ; on y suit des règles de grande courtoisie où la clarté, l'élégance, la mesure et l'écoute sont privilégiées. La préciosité n'est pas absente de certaines formes de ces rencontres aimables.

Puis, dans une société sans institutions de débat public, elles deviennent, jusqu'à la Révolution, des lieux de débat intellectuel et politique. La modération y reste appréciée, mais l'arrivée de Diderot et des autres philosophes engagés change le ton de ces rencontres et leurs enjeux politiques. Elles deviennent plus vives, plus sérieuses, on y parle de religion, de sciences, on ne craint plus de paraître savant.

Les bouleversements révolutionnaires, on le sait, mirent un terme brutal à ces débats aristocratiques et élitistes, qui ne réapparurent qu'au siècle suivant. Reste que le mot « conversation » a gardé en français une sorte d'aura d'échange civilisé où la nuance a toute sa place. Converser, échanger des propos avec des personnes que l'on fréquente, ou que l'on croise, constitue, à bien y réfléchir, le fondement de toute vie en société, surtout en France ; Madame de Staël célébrait en 1814 ce « plaisir de causer » qu'on ne trouve que chez les Français, cette conversation qui

« ranime des esprits »[23]. On partage des nouvelles plus ou moins importantes, on parle de l'air du temps, du temps qu'il fait, du temps qu'il faut, du temps qui fut, du temps qui fuit… On s'instruit, au passage. L'enjeu de ces conversations – dites « à bâtons rompus » – est surtout de faire un bout de chemin ensemble en reconnaissant l'autre comme un interlocuteur valable, que l'on écoute quand il parle.

Certes, il existe aujourd'hui toutes sortes de conversations, depuis la plus badine jusqu'à la plus sérieuse. Lorsque quelqu'un nous dit : « il faut que nous ayons une conversation », on subodore qu'un rapport de pouvoir s'installe. De même, on peut « entrer en conversation » pour tâter un terrain, recueillir des informations, comme on entre en négociation. Mais la plupart du temps la conversation est avant tout un exercice de sociabilité.

Rappelons-nous qu'elle fut aussi un outil de transmission. Diderot l'appréciait tout particulièrement, lui dont la conversation était, au dire de ses amis, brillante et l'éloquence « douce et persuasive ». Benedetta Craveri écrit à son sujet : « Véritable méthode de pensée, la conversation était aussi l'instrument de diffusion le plus efficace des idées qu'il entendait promouvoir[24]. »

Plus près de nous aussi, mais sur Internet cette fois, il est amusant de se souvenir que l'un des premiers sites d'information purement numériques et gratuits fut… *salon.com*. Ce média existe toujours et proclame fièrement « nourrir la conversation américaine depuis 1995 » en « donnant la parole à des voix diverses pour alimenter la discussion » ! L'apparition du Web 2.0, au tournant du siècle, a voulu favoriser la conversation en ligne entre tous les internautes, en diffusant largement informations et savoirs ; il y avait quelque illusion à vouloir installer ainsi cette utopie d'une immense conversation mondiale. On sait ce qu'il en advint.

Mais remarquons tout de même, pour le plaisir de nuancer, que la conversation, toute civilisée qu'elle puisse paraître, a toujours été un idéal perdu qu'il fallait reconquérir. Jules Renard, dans son journal, se plaignait déjà (le 29 janvier 1893 !) qu'« aujourd'hui on ne sait plus parler, parce qu'on ne sait plus écouter. […] La conversation est un jeu de sécateur, où chacun taille la voix du voisin aussitôt qu'elle pousse ».

Jouer le jeu du débat, ou pas

Montaigne déteste converser avec ceux qui ne suivent pas les règles. « Il est impossible de discuter de bonne foi avec un sot », remarque-t-il, parce que celui-ci mène une discussion « trouble et désordonnée » ; qu'il nous force à élever la voix sur la forme du débat ; qu'il suscite une colère, ajoute-t-il, « dont j'ai à rougir après ».

Avec qui puis-je converser de bonne foi pour lui faire accepter telle ou telle nuance ? Avec celui ou celle qui joue le même jeu (de société), justement ; celui qui poursuit le même but (du jeu) : trouver un terrain d'accord, un compromis accepté de bonne foi.

Appliquons cette approche au débat démocratique. La politiste Chloé Morin décrit ainsi la situation française : « Il faut que nous réapprenions à confronter des points de vue sans vouloir avoir le but de soumettre l'adversaire, l'idée ce n'est pas une lutte à mort, à la fin il faut trouver des compromis[25]. […] En démocratie personne n'a raison, personne n'a tort, tout l'intérêt c'est de dialoguer pour trouver un terrain commun et avancer ensemble[26]. » Elle regrette justement que, dans les débats actuels, on cherche d'abord à disqualifier l'autre, à l'enfermer dans son identité, sa communauté d'appartenance ou son groupe de référence politique supposé/caricaturé. Elle regrette également les slogans utilisés pour disqualifier a priori certaines idées ; en les qualifiant de « populistes », par exemple.

Où trouver alors un modèle acceptable de conversation entre pairs ? On peut imaginer que la controverse scientifique s'approche de cet idéal, puisque, selon les philosophes des sciences (Karl Popper, entre autres), c'est l'opposition entre diverses théories, observations, conclusions, qui est la matrice de la démarche scientifique. La confrontation des analyses, des interprétations, le partage et la comparaison des références, des cadres d'observation, construisent dialectiquement l'approche de la vérité scientifique.

Mais la controverse aussi peut se révéler violente, puisque, après tout, son issue va rendre caduques des vérités préexistantes, des paradigmes… et des positions académiques. Selon la définition de Bruno

Latour, elle constitue « une situation de conflit où plusieurs acteurs de plusieurs types s'opposent sur plusieurs questions concernant plusieurs enjeux : il s'agit d'un débat ayant en partie pour objet des connaissances scientifiques ou techniques qui ne sont pas encore assurées ». Latour[27] a mis au point, dès les années 1990 à l'Ecole des mines, une « cartographie des controverses », outil précieux pour tenter de comprendre ces affaires compliquées mêlant forcément plusieurs disciplines. Son intérêt est de mettre à plat l'ensemble des réseaux d'acteurs et leurs discours. On pourrait voir dans ces représentations des possibilités de repérer les espaces « entre », mais c'est sans doute simplificateur. N'empêche : chaque fois qu'il y a carte, il y a courbe de niveau, gradations, transitions, espaces intermédiaires… C'est là où, théoriquement, peut se localiser la nuance, même si les sociologues des sciences décrivent souvent des situations de controverse où violence et intolérance sont exacerbées.

Quand la controverse, politique ou scientifique, prend des tours extrêmes, c'est la guerre (*polemos* en grec) ! La polémique fait rage devant un public qu'il faut mobiliser (et non plus des pairs qu'il faut convaincre). Dans les journaux, au siècle dernier, la polémique se menait surtout par écrit, éditorial contre éditorial, texte contre texte, pamphlet contre pamphlet.

En 1948, Albert Camus remarquait : « Il n'y a pas de vie sans dialogue. Et sur la plus grande partie du monde, le dialogue est remplacé aujourd'hui par la polémique. Le XXe siècle est le siècle de la polémique et de l'insulte [...] Des milliers de voix jour et nuit, poursuivant chacune de son côté un tumultueux monologue, déversent sur les peuples un torrent de paroles mystificatrices, attaques, défenses, exaltations[28]. »

Plus près de nous, la controverse autour des traitements de la Covid-19 s'est transformée en une polémique incarnée par un médecin-chercheur (Didier Raoult) sous la forme d'échange d'anathèmes et de personnalisation outrée des arguments d'autorité ; *pathos* contre *logos* ; l'émotion contre les faits mesurables.

Un cliché politique courant – et dépréciatif – veut que l'on dénonce les « polémiques vaines et stériles » ; comme si ce genre de combat de slogans, affrontement de monologues, pouvait être autre chose que stérile ! La polémique, ne laissant place à aucune nuance, à aucune marge de dialogue, ne fait jamais bouger les lignes, ni ne modifie les convictions des uns ou des autres. Montaigne écrit (livre III, chapitre 8) : « Il en résulte que tout le profit de la discussion, c'est de ruiner et d'anéantir la vérité. » Ou encore, comme l'explique la philosophe Marylin Maeso[29], la polémique au sens camusien du terme « vise à empêcher le dialogue, à faire en sorte que le débat sur le contenu et les idées soit mis de côté au profit d'une joute verbale stérile ».

Comment s'achève une polémique aujourd'hui ? Elle ne finit jamais, elle disparaît simplement des écrans, elle s'éteint quand une autre polémique apparaît, le plus souvent suscitée pour faire oublier la précédente ou pour distraire d'une séquence politicienne peu reluisante. La polémique tire son intérêt de ce qu'elle est bruyante ; elle contraint les autres au silence ; elle distrait de l'essentiel ; elle pousse à la polarisation, elle renforce la machine à fabriquer du manichéisme... cependant qu'ailleurs les vraies décisions continuent d'être prises.

Selon le cliché politique, l'exécutif a tendance à ignorer tout débat gênant en soulignant que, pendant que certains polémiquent, « le gouvernement, lui, travaille ». Comme si le domaine de l'action politique était parfaitement étanche à toute forme de conversation fouillée et nuancée. Ce n'est, à l'évidence, pas aussi simple que ça. Observons maintenant le débat politique en période de crise aiguë, guerre ou révolution, pour voir si la nuance y survit.

La nuance face au tragique

Dans la dernière partie de *L'Espoir*, Malraux décrit Madrid en feu et la dérive nocturne de Scali et Garcia, universitaires devenus soldats, qui dissertent sur l'action et l'avenir. Evoquant Miguel de Unamuno, « le plus grand écrivain espagnol », recteur destitué par Franco, attendant la mort dans sa chambre de Salamanque, Garcia remarque : « Il eût trouvé ici un autre drame, et je ne suis pas sûr qu'il l'eût compris. Le grand intellectuel est l'homme de la nuance, du degré, de la qualité, de la vérité en soi, de la complexité. Il est par définition, par essence, anti-manichéen.

Or les moyens de l'action sont manichéens parce que toute action est manichéenne. A l'état aigu dès qu'elle touche les masses ; mais même si elle ne les touche pas. Tout vrai révolutionnaire est un manichéen né. Et tout politique[30]. »

Commentant ce passage de Malraux, le philosophe Denis Faïck explique aujourd'hui[31] : « Dès qu'il y a acte de penser, alors on voyage dans les nuances. Et pour ce faire, il faut du temps, ce que la rapidité de l'information ne permet pas. Un peintre ne dit pas : "C'est vert clair ou vert foncé." Il saisit le vert céladon, malachite, émeraude, menthe, Véronèse, impérial, pin, prairie, lichen, lime, etc. Pour qu'il y ait musique, il faut des nuances innombrables [...] Nuancer est la condition de la profondeur. »

Sauf qu'en temps de guerre, n'est-ce pas, on n'a pas le temps de la réflexion, pas le temps d'opérer des distinctions fines en utilisant les ressources de l'esprit critique. Le Garcia de *L'Espoir*, ethnologue devenu expert en renseignement militaire pour la cause, le répète : l'action c'est le manichéisme, ami ou ennemi, rouge ou noir.

En France, depuis les attentats de 2015 jusqu'à la pandémie de Covid-19, la guerre est la musique de fond de tout discours politique supposé stimuler l'unité des Français : « Nous sommes en guerre », répète-t-on sur les estrades. Guerre contre le terrorisme islamiste, guerre contre un virus, guerre des mots, guerre post-coloniale, guerre des sexes et des genres. Cette atmosphère de conflit fait monter la tension et les positions extrémistes, le manichéisme justement. Puisque nous sommes en guerre, plus question de penser trop finement. Le binaire envahit tout : zéro ou un.

Comment sortir de ce piège ? Montaigne, adepte de la modération au milieu d'atroces guerres de religion, apporte là encore une sagesse fort utile. A plus d'un titre. Il aime « conférer », mais il s'engage tout entier dans les négociations dont on le charge. Plutôt efficace en politique (quand il accepte une mission, ce qui n'est pas toujours le cas), il ne cherche pas à noyer le poisson : chez lui, pas de « ni droite ni gauche » ou de « en même temps » ; il s'affiche comme catholique modéré, comme conservateur nuancé méfiant face aux « nouvelletés », et c'est de là qu'il parle. Ensuite, il cultive le doute, malgré toutes les pressions d'un temps où les croyances recouvrent tout. Il reste sceptique, par choix philosophique (sa devise est « que sais-je ? » et son emblème la balance), et aussi dans sa vie : « Ainsi je maintiens chez moi le doute et la liberté de choisir jusqu'à ce que la circonstance me presse. » Il faudrait ici citer toutes les admirables pages du chapitre 17 du livre II. On y voit, comme partout ailleurs dans *Les Essais*, un penseur qui tient essentiellement à sa liberté de penser « et [de] considérer les choses sans obligation ni servitude ». Il en arrive même à mettre en doute… le scepticisme même.

Enfin, il exprime bravement tout le mal qu'il pense de l'excès ; l'excès de violence et de cruauté bien sûr[32], mais aussi l'excès de vertu[33]. « J'aime les natures tempérées et modérées. L'immodération vers le bien même, si elle ne m'offense pas, me trouble profondément […] L'archer qui dépasse le but le manque, comme celui qui n'arrive pas jusqu'à lui. » Montaigne aime la juste mesure, mais ne tombe pas dans la mollesse ou l'indistinct pour autant. Il cultive simplement la modération comme un remède à l'aveuglement et au fanatisme. Il pense quand même ; il pense malgré tout.

Les tenants de la nuance ne sont pas des mous en temps de guerre… ou de révolution. Revenons à l'âge des conversations décrit plus haut pour évoquer un esprit brillant de cette époque, ami de Voltaire et de d'Alembert (et de Julie de Lespinasse, d'ailleurs) qui tint ce cap de la modération à travers les premières années de la Révolution, Condorcet[34]. Encyclopédiste, scientifique des Lumières, il lutte contre l'esclavage, pour une reconnaissance de la citoyenneté des juifs et des protestants, pour l'égalité femmes-hommes, contre la peine de mort, pour une République éclairée, jusqu'à sa mort en 1794. A bien des égards, il est notre contemporain[35]. Il incarne la nuance, par ses travaux et ses engagements dans trois domaines au moins : la place de la science dans la société, le développement d'une instruction publique fondée sur la raison, et sa vision du débat démocratique.

Cet éminent mathématicien réfléchit sans relâche sur la science et les savants de son époque, dont il rédige les biographies pour l'Académie des sciences. Défenseur de la « méthode » par-dessus tout, il estime qu'il faut définir la science loin des croyances et de l'opinion pour faire « barrière à tout charlatanisme ».

Philosophe politique, il continue de penser au milieu du chaos révolutionnaire ; il construit un système d'instruction publique remarquable visant à produire de véritables citoyens, libres et égaux en droits, responsables, capables de s'éduquer tout au long de la vie.

Homme politique courageux[36], il soutient la République, et la révolution en ce qu'elle conduit à la liberté, mais pas dans ses fanatismes (qui finiront par le tuer). Son combat pour un « débat libre et raisonné », qui seul peut produire la vérité, fait de Condorcet un modèle de nuance républicaine.

Plus près de nous, c'est Camus qui défend avec courage (il en faut) la nuance, aussi bien dans le chaos de la Seconde Guerre mondiale (rappelons-nous ses quatre *Lettres à un ami allemand* de 1943 et 1944[37]) que durant le conflit algérien.

Camus ne lâche rien. Prenons un exemple parmi tant d'autres : alors que les tribunaux de l'épuration tournent à plein régime et que les règlements de comptes font rage, il prend la défense de

René Gérin, pacifiste, condamné à huit ans de travaux forcés pour avoir tenu la chronique littéraire dans un journal collaborationniste, *L'Œuvre.* Remarquant qu'Albertini, recruteur de miliciens de la Légion des volontaires français contre le bolchevisme, n'a écopé, lui, que de cinq ans, Camus réclame un meilleur traitement pour René Gérin. Il écrit : « A ce degré d'exagération, une telle sanction ne répare rien. Elle donne seulement le soupçon qu'un pareil jugement n'est pas celui de la nation, mais celui d'une classe. Elle humilie un homme sans profit pour personne. Elle discrédite une politique pour le dommage de tous. »

Equilibriste, Camus ? Mais qui a dit qu'il était facile d'être nuancé ?

« Camus m'apparaît comme un démocrate de la Grèce antique, un homme qui a saisi très tôt dans sa vie la place et le sens du tragique qui s'inscrit dans le réel du destin des hommes », écrit Sylvie Gomez, chercheuse spécialiste de l'écrivain ; le tragique étant « la manifestation favorisée par un contexte historique particulier de tensions contradictoires simultanées et inconciliables »[38].

Dans sa conférence d'Athènes, en 1955, Camus déclare que « notre époque est tout à fait intéressante, c'est-à-dire qu'elle est tragique ». Sa position dans le conflit algérien ressortit en effet du tragique. Défenseur depuis ses tout premiers articles des Algériens écrasés par la misère et l'injustice, mais incapable d'imaginer sa mère quittant l'Algérie, son pays, Camus tente en vain de se situer au centre dès le début de la guerre. De son point de vue, le parti des Algériens et celui des Européens d'Algérie sont défendables l'un et l'autre ; il s'engage donc parmi ceux qui réclament une trêve civile. Il va être attaqué de tous côtés pour cette prise de position nuancée, certes, mais difficile à défendre au milieu des attentats et des violences quotidiennes. « L'œuvre et la pensée camusiennes se placent dans un monde marqué par la tension entre la démesure monstrueuse et difforme des événements et la nécessité de la prudence et des limites », résume Sylvie Gomez.

L'homme de la nuance doit s'attendre à se faire prendre à partie par tous les extrémistes, en temps de conflits ou de fortes tensions. C'est le prix à payer pour rester lucide et libre. « Nous sommes au temps des hurlements et celui qui refuse cette ivresse facile fait figure de résigné[39] », écrit Camus en réponse aux attaques des journaux communistes. Sartre lui lance : « Vous n'êtes ni de droite ni de gauche, vous êtes en l'air. » Et il lui répondra, en quelque sorte, lors de sa conférence de presse du Nobel à Stockholm en 1957, avec un demi-sourire : « Les philosophes communistes disent que je suis un philosophe réactionnaire, les philosophes réactionnaires disent que je suis un philosophe communiste, les athées me trouvent très chrétien, les chrétiens déplorent mon athéisme… si bien que je suis un peu perdu au milieu de ces demandes contradictoires et j'ai décidé de continuer à être ce que je pouvais être et comme je pouvais l'être. »

L'homme de la nuance accepte avec sagesse le jugement des autres. Sauf naturellement lorsque ce verdict est un mensonge. Traité de bourgeois et de fils de bourgeois par la presse communiste d'après-guerre, Camus ne s'était pas privé de rappeler à ses accusateurs qu'il était né, lui, dans la plus grande pauvreté alors que « la plupart d'entre vous, intellectuels communistes, n'ont aucune expérience de la condition prolétarienne[40] ». Pour le reste, il se contente de « répondre sur l'essentiel » quand la polémique le vise.

L'homme de la nuance ne craint pas le jugement des autres parce que, comme Montaigne le sceptique lui-même, il « suspend son jugement ». On sent bien que, dans une conversation de « bonne foi », les jugements abrupts doivent être évités, car ils ont tendance à fermer la discussion.

L'autre mot pour « jugement » est « opinion ». Nous l'entendons sans cesse ; il semblerait même que nous devions en permanence avoir une opinion. Or, il convient selon moi de s'en méfier absolument, surtout quand on nous enjoint de la partager.

La tyrannie de l'opinion

Ma méfiance pour ce mot vient de l'époque où je rédigeais mes premiers éditoriaux, en 1993. J'étais alors rédacteur en chef au quotidien *La Tribune* et chaque jour l'un des trois patrons de la rédaction devait écrire une colonne où il donnait son « opinion ». Un exercice très valorisant puisqu'à cette époque les revues de presse des radios matinales reprenaient ces éditos ; un système médiatique bien huilé, déjà.

J'éprouvais une grande gêne à donner mon avis sur les événements du jour ; et même un sentiment d'imposture très vif. Je reprenais la plupart du temps deux ou trois idées glanées dans le *Financial Times* et le *Wall Street Journal*, quelques bribes d'humeurs politiques recueillies lors de déjeuners avec des élus, une fine analyse lue dans une revue, j'ajoutais une citation un peu décalée, mais jamais cuistre, je touillais tout cela et « pondais mon édito » (à l'heure). Cela faisait plaisir à ma mère, qui entendait citer mon nom à la radio, et accroissait en parallèle mon sentiment d'imposture pour la prochaine fois…

Autant dire que mon aversion pour l'opinion ne date pas d'hier. Et même mieux, puisque pour mon premier emploi de journaliste, au service économique de *Libération* au tout début des années 1980, j'étais sous la férule d'un chef[41] qui nous interdisait formellement de mêler notre opinion personnelle aux informations que nous avions recueillies et analysées grâce à des avis d'experts. Je me suis tenu à cette ligne pour la plus grande partie de mon parcours. Bien qu'il me soit arrivé d'écrire d'autres éditoriaux ici ou là, à *VSD*, *InfoMatin* ou *Libé*. Jamais très à l'aise…

Mais revenons à la situation actuelle, où chacun est sommé d'avoir une opinion (et plus vite que ça !). Injonction à laquelle, justement, il faut résister de toutes ses forces la plupart du temps. L'un des plus beaux textes que j'ai entendus sur cette question fut lu en janvier 2020, par Philippe Lançon. Cette chronique radio[42] quasiment poétique s'intitulait « On me dit ce qu'il faut penser et faire, mais je n'en sais rien ».

Elle pourrait être lue comme un éloge du retrait puisqu'il y déclare : « Je préférerais perfectionner mon silence plutôt que de proférer des opinions. » J'aime à penser qu'elle est aussi une célébration de la nuance, du refus sage face à l'injonction du « choisis ton camp, camarade » ; refus du camp qui enferme et appauvrit ; du camp des certitudes ; du camp de l'émotion souveraine. Philippe Lançon, vers la fin de son intervention, remarque dans un souffle :

« On me dit qu'il faut que je parle, que j'affirme, que je proteste, que je crie, que je m'indigne, que je ricane, que je manifeste, que je résiste, que je me sente victime, blessé et insulté, injurié, manipulé, escroqué, mais même quand ça m'arrive, je préfère me taire parce que, le plus souvent, je n'ai rien à dire. On me dit qu'il faut rejoindre le camp du Bien, mais il est partout, à gauche, à droite, devant, derrière, dessus, dessous. Il est partout, et moi je ne me sens nulle part. On me dit que je dois m'installer dans ce camp, quel qu'il soit, mais moi, quand les tentes et les palissades sont plantées, quand les gardes sont installés dans les tours de guet, je n'ai plus qu'une envie : filer discrètement dans la nuit. »

Sur cette question, on pensera, plus classiquement, à Roland Barthes décrivant, en février 1978 au Collège de France, sa fatigue dans un monde plein de « demandes de position » : « "Comment vous situez-vous par rapport au marxisme, au freudisme, à X, à Y ?" "Quelle est votre position dans ce problème ?" Fatigue[43]. » Ce qui le conduit à développer plusieurs fragments sur le silence : une opération pour déjouer les oppressions, intimidations ; silence pour déjouer les pièges de la parole, ou silence du sceptique.

Dans un entretien (cité par le philosophe Yann Kerninon[44]), le même Barthes expliquait : « Lorsqu'on me demande mon avis sur tel événement ou phénomène de société, j'ai toujours envie de répondre : "sans opinion" mais ce n'est pas du tout par indifférence, c'est plutôt parce que je sais que la vérité de mon rapport à l'événement n'est pas le jugement "pour ou contre", "j'aime ou j'aime pas". Si je prends position, ce sera en tant que professeur ou qu'enfant né dans les classes défavorisées, moyennes, aisées ou fils d'agriculteur, ou qu'individu élevé dans un milieu catholique ou athée. Nos réponses, nos opinions et notre engagement par rapport à toutes les situations que nous vivons sont le plus souvent des façons pour nous de défendre l'image de nous-même que nous croyons devoir projeter au regard des autres. »

L'opinion, pour Barthes, relève de la posture, de l'image, et s'oppose fondamentalement à la pensée. Il va même jusqu'à déclarer : « Toute pratique philosophique suppose donc que nous ne nous laissions pas prendre au piège des images, c'est pourquoi le vrai philosophe est définitivement “sans opinion”. »

Et Yann Kerninon de commenter les propos de Barthes (dans l'une de ses interventions vidéo pleines d'humour[45]) en soulignant qu'opinion a la même racine qu'opiner, c'est-à-dire acquiescer à telle ou telle idéologie toute faite, adhérer à une idée qui vient d'un autre, la répéter sans y avoir vraiment réfléchi. Il cite Platon et le dialogue *Philèbe*, où Socrate assimile l'opinion à un cri (Camus parle des « hurlements ») ; il cite aussi Cioran écrivant[46] : « N'a d'opinion que celui qui n'a rien approfondi » ; pour conclure que « les opinions ne sont pas de la pensée mais de l'ordre de la subjectivité pure ».

Penser c'est nuancer, penser c'est approfondir. On voit bien, là, le chemin de la nuance. Il s'agit d'une voie étroite, délicate et exigeante. Il y faut faire effort… Là se trouve sans doute la grande difficulté quand on veut défendre la nuance. Reprendre à la volée une opinion, ânonner une idéologie – en l'agrémentant, au besoin, de quelque jargon intellectuel –, est plus facile. Une certaine aisance dans l'élocution, naturelle ou apprise, rendra la chose plus brillante encore. L'opinion est du dogme que l'on répète sur un plateau.

Remarquons, par ailleurs, combien elle est contagieuse. On a vu lors de débats interminables sur la pandémie que la science même a été transformée en une opinion parmi d'autres ! Le philosophe des sciences Etienne Klein, par ailleurs physicien reconnu, observe[47] : « L'air du temps, en accusant la science de n'être qu'un récit parmi d'autres, l'invite à davantage de modestie. On la prie de bien vouloir gentiment "rentrer dans le rang" en acceptant de se mettre sous la coupe de l'opinion. »

La philosophie des Lumières, chez Condorcet notamment, défendait l'idée que la souveraineté d'un peuple libre se heurte à une limite, celle de la vérité, sur laquelle elle n'a pas de prise : les « vérités scientifiques » ne relèvent pas d'un vote, elles ne suivent pas l'opinion générale. Etienne Klein, à nouveau : « La crise sanitaire a montré avec éclat que nous n'avons guère retenu la leçon, révélant l'ambivalence de notre rapport à la science et le peu de crédit que nous accordons à la rationalité qu'il lui revient d'établir. Lorsque, d'un côté, l'inculture prend le pouvoir, que, de l'autre, l'argument d'autorité écrase tout sur son passage, lorsque la crédibilité de la recherche ploie sous la force de l'événement et de l'opinion, comment garder le goût du vrai – celui de découvrir, d'apprendre, de comprendre ? »

Pour revenir à la tyrannie des opinions, le philosophe des sciences regrette que nous soyons désormais « dans une forme de relativisme absolu, avec l'idée que tous les points de vue se valent ; thèse contre laquelle je n'ai pas d'opposition, toutes les paroles devant être écoutées, mais, quand même, on donne une prime à celui qui parle le plus fort, avec le plus de conviction[48] ».

Et c'est bien là le problème auquel la conversation est confrontée aujourd'hui. Face à l'inflation d'opinions qui envahit les chaînes d'information et les réseaux sociaux, c'est à celui qui vendra les siennes avec le plus de force, en poussant les « cris » et les « hurlements » les plus sonores.

Chloé Morin, déjà citée, spécialiste de l'analyse de l'opinion, constate que « la culture du clash, exacerbée sur les réseaux et les chaînes d'information en continu, restreint de plus en plus l'espace que l'on appelait celui de la nuance ou de la complexité[49] ». Comme en écho lointain à Camus regrettant les « hurlements » de ceux qui le jugent « résigné », la politiste ajoute : « Le raisonnable est accusé de faire de l'eau tiède, le provocateur, au contraire, est souvent loué pour son "courage" (même lorsqu'en réalité il hurle avec les loups. »

Son analyse va d'ailleurs beaucoup plus loin que la seule critique du choc des opinions. Elle cherche à remonter aux sources même de la crise des démocraties, la défiance des citoyens vis-à-vis du politique et des divers « séparatismes » qui minent nos sociétés. Elle constate froidement que « les conditions du débat ne sont pas réunies » et s'interroge : « Comment nos institutions démocratiques pourraient-elles encore jouer leur rôle s'il n'existe plus d'espace commun ni de discussion partageable à l'échelle de la nation ? »

Au cœur de ce désordre, selon elle, « le système médiatique – et les réseaux sociaux amplifient le phénomène – fonctionne comme une gigantesque centrifugeuse qui ne fait ressortir que ce qui tranche, clive ou *clashe* ».

Chapitre 2

La machine à tuer la nuance

Montaigne, Condorcet, Camus, ces penseurs défendent la nuance dans des situations où le tragique envahit tout. On pensera sans doute que ces situations de tensions intellectuelles extrêmes appartiennent au passé ; elles ne correspondent aujourd'hui qu'à des clichés rhétoriques reconstitués pour les besoins de la politique (« nous sommes en guerre »). Voire ! Il existe désormais des espaces où la violence, « les penchants à l'agression et à la destruction[1] », comme les nommait Freud, s'expriment sans frein. Les plateaux télé et les réseaux sociaux sont des lieux de manichéisme exacerbé où la haine pure coule à flots. Elle est aussi là, la guerre.

Que s'est-il passé ? A quel moment la nuance a-t-elle disparu de nos échanges, qui se sont transformés en affrontements ? Comment s'expliquent ces dérives ?

Par une « crise de l'esprit » provoquée par la conjonction d'un maelström informationnel et d'un désordre idéologique : nous croulons sous des déluges d'informations, données et datas ; nous pataugeons dans des idéologies floues, bricolées, mais néanmoins dogmatiques.

Commençons par un retour en arrière. En 1500, on estime qu'environ vingt millions de livres avaient été imprimés, représentant trente mille éditions. Un siècle plus tard, on atteint deux cent mille éditions. Montaigne entame la rédaction de ses essais un siècle après la mort de Gutenberg… et l'année de la Saint-Barthélemy. Retiré dans sa riche bibliothèque, il observe la multiplication rapide des textes imprimés, d'interprétation, de commentaires, de commentaires de commentaires, juridiques ou religieux ; il en tire des lignes fortes sur la différence entre savoirs et croyances ; méfiant devant le langage, il écrit aussi que « la plupart des motifs des troubles du monde sont d'ordre grammatical[2] ». Très concrètement, à l'époque, les pires violences entre catholiques et protestants peuvent naître de controverses d'interprétation autour de quelques mots de la Bible ; « Ceci est mon corps » (*Hoc est corpus meum*), dit Jésus, le pain de la communion est-il vraiment son corps, ou non ? On sait les horreurs des guerres de religion provoquées par le débat (binaire, dirait-on aujourd'hui) sur la transsubstantiation ; Montaigne constate froidement : « Combien de querelles – et combien importantes – a produites dans le monde le doute concernant le sens de cette syllabe : *Hoc !*[3] »

Montaigne dans sa bibliothèque, au milieu de tous ces livres publiés et de tous ces commentaires antagonistes… le parallèle est presque trop facile avec notre époque et l'afflux de données que nous ne sommes plus, nous, à même d'interpréter. Nous nous trouvons plongés au cœur même de la complexité du monde, face à des problèmes tous plus inextricables les uns que les autres, englués dans une pâte mélangeant des millions d'informations et presque autant d'opinions hurlées.

Le philosophe des sciences Etienne Klein considère, on l'a vu, que la crise de la nuance est une maladie du langage qui réduit la pensée à des slogans. Mais au-delà, considérant l'aspect binaire, excessif, des débats, il en voit l'origine dans ce qu'il qualifie de « mutation anthropologique de premier ordre ». Il explique qu'autrefois l'information était une denrée rare, précieuse, alors qu'aujourd'hui nous sommes soumis à un bombardement sans fin. « Notre cerveau ne peut pas toutes les gérer en même temps, et donc doit pratiquer l'absence de nuance pour décider à quoi il va accorder du crédit, ce qu'il va rejeter, parce que notre cerveau n'est pas câblé pour gérer en même temps autant d'informations différentes. »

Son diagnostic est terrible : « C'est comme si notre cerveau réclamait constamment d'être emporté dans un délire ; on voit bien que c'est un délire mais il a un tel pouvoir entraînant qu'il finit par nous capter complètement[4]. »

Les premières traces de cette « surcharge informationnelle » remontent au début des années 1960, lorsque l'expert en sciences sociales Bertram Myron Gross décrivit l'*information overload* dont souffraient les organisations[5]. Dès 1970 le futurologue Alvin Toffler popularisa le concept (dans son best-seller *Le Choc du futur*) et en 1993 David Shenk lança le terme d'*infobesity* pour décrire la surabondance d'informations (*information glut*[6]) qui étouffe nos processus intellectuels[7]. Notons qu'entre la publication de l'ouvrage de B.M. Gross et celui de D. Shenk il s'était produit autant d'informations qu'en deux mille ans ; et entre 1999 et 2002 le volume d'informations avait encore doublé, selon une étude de l'université de Berkeley… Puis le Web 2.0 débarqua et la courbe devint folle. Rendant particulièrement pertinente l'observation d'Etienne Klein.

Non seulement l'information est pléthorique, pourrions-nous ajouter, mais nous sommes aussi soumis à un bombardement sans fin de commentaires et d'interprétations. Comme Montaigne en son temps, mais plus fort, plus vite et touchant de plus larges populations… qui elles-mêmes, grâce aux réseaux sociaux, produisent d'autres éléments informationnels.

Si l'on poursuit la réflexion d'Etienne Klein, on se trouve vite face à ce qui ressemble à une « crise de l'esprit » telle que la décrivait Paul Valéry en 1919. On sortait d'une guerre épouvantable et le monde intellectuel se trouvait dans une grande confusion ; d'autant plus que l'avant-guerre avait été marqué, écrit Valéry, par « le désordre de l'Europe mentale »[8]. Aujourd'hui, ce n'est pas le traumatisme d'un après-guerre tragique qui touche les citoyens français, c'est le choc d'un monde devenu à la fois trop violent et trop complexe pour être « saisi » ; et qui produit des millions d'informations indéchiffrables pour la plupart des habitants de la planète.

De nombreux citoyens se trouvent confrontés à une situation de confusion où il ne leur reste que l'émotion pour réagir à ce qu'ils voient autour d'eux – et dans les médias ou sur les réseaux sociaux – sans le comprendre entièrement. L'indignation, le rejet et d'autres manifestations émotionnelles envahissent l'espace public. Plongés dans la complexité d'un monde « globalisé » et numérisé, opaque dans ses fonctionnements techniques (comment fonctionnent les nanotechnologies, un vaccin à ARN messager ou le bitcoin ?), nous réagissons de manière épidermique et binaire. J'aime – je *like* –

ou je n'aime pas. Oui ou non. Pro ou anti. Zéro ou un.

Qu'en est-il de ce qui serait *entre* et dont l'émotion serait absente ? Comme pendant les temps de guerre évoqués plus haut, la nuance a mauvaise presse. Au sens propre.

Un édito de *L'Obs*[9] s'alarmait pendant l'été 2020 de la disparition du terme « nuance » en remarquant : « Il n'y a pas si longtemps, il évoquait la subtilité, la réflexion complexe, le sens de la dialectique ; il sonne aujourd'hui comme une faiblesse, un manque de colonne vertébrale, une absence de convictions. Ce glissement qui n'est pas que sémantique en dit long sur la nature de nos débats, où s'impose une pensée toujours plus binaire. »

On me dira que ce paysage n'est pas différent de celui dans lequel intervenait Camus. A l'époque, il était sommé d'être pour ou contre le communisme, pour ou contre le colonialisme. Sa nuance tranchait au milieu de combats bloc contre bloc.

Sauf qu'aujourd'hui les blocs idéologiques eux-mêmes paraissent flous. Le néolibéralisme arrogant et son TINA[10] revisité, le nationalisme paranoïaque mêlé de populisme, l'écologisme radical, l'islamisme politique, le néo-gauchisme, le racialisme… tous ces « ismes » sont bien bâtis sur des dogmes, des évidences militantes ; mais l'on peine à en saisir tous les raisonnements et les enjeux. D'autant que des slogans revisités par la novlangue politique viennent encore troubler ce jeu : le séparatisme remplace le communautarisme, la bienveillance prend le relais de la solidarité…

Sans oublier un autre facteur de complexité et de manichéisme suscitant un surcroît d'émotion : la culture morale[11], portée entre autres par la génération des *millenials* et la suivante, qui s'est installée au sein même du débat politique en lui imposant des règles revenant à classer toute réflexion en « bien » ou en « mal », « bon » ou « mauvais », tout désaccord en « offense », sans que celui qui parle bénéficie d'une seconde chance… et encore moins du droit de nuancer !

Face à ces constructions idéologiques, politiques et morales plutôt bringuebalantes, difficiles à saisir, on est, malgré tout, sommé de se prononcer sur les réseaux et sur les plateaux à coups de slogans ; parfois même, comme chez Cyril Hanouna, on tient devant soi un petit panneau, *OUI* ou *NON*. On ne peut pas faire plus clair.

Notons enfin que ce manichéisme s'est exacerbé depuis l'élection d'Emmanuel Macron et le dégagisme qui a rebattu les cartes politiques. Au grand dam des représentants du « monde d'avant ». Ainsi d'un élu comme Guillaume Larrivé, député Les Républicains, qui tempêtait, à la veille des élections européennes : « Choisissez votre camp : Macron ou Le Pen, les gentils ou les méchants, les bons Européens ou les mauvais nationalistes, les sympathiques progressistes ou les affreux populistes, la Renaissance ou le Moyen Age. Surtout, ne vous fatiguez pas à réfléchir, abandonnez toute prétention à la nuance, interdisez-vous toute velléité pluraliste. Si vous préférez le Bien au Mal, tapez 1. Sinon, tapez 2[12]… »

Voilà le paysage chaotique dans lequel nous nous trouvons. La question qui suit est simple : où débat-on de ces problèmes complexes, mouvants et clivants à la fois ? Dans quel espace ?

Et c'est là qu'il nous faut entrer dans le système médiatique qui met en scène et amplifie les controverses, querelles et polémiques. Un système qui non seulement diffuse en continu des milliards de données, mais aussi, de par les contraintes de sa structure économique, produit en permanence du clash, du choc, de la guerre d'opinions et le spectacle de ces combats sans fin. Ce qu'on appelle le débat se réduit à ces espaces.

On a vu au chapitre précédent l'importance de certains lieux pour la recherche d'idées et la quête de la vérité, tout au long de l'histoire : l'agora, les académies, la Sorbonne de la *disputatio*, les ruelles puis les salons de l'âge d'or de la conversation. Il existait même autrefois, dans les villes d'eaux comme Baden-Baden, des « maisons de conversation » (*Conversation Haus*) où les curistes pouvaient simplement échanger quelques propos de bon aloi tout en barbotant, entre deux gobelets bienfaisants. On peine à imaginer lieu de débat plus apaisé que ces calmes thermes.

En contraste total, les salons d'aujourd'hui sont ouverts à tous les vents et sur ces plateaux éditorialistes, experts autoproclamés et chroniqueurs forçats de l'humour s'empoignent. Les salons sont devenus des scènes hurlantes, de (lucratifs) rings de boxe et autres « octogones » de *free fight*, s'appuyant sur le prétexte – ou la fiction – d'une information en continu présente sur tous les écrans. Information ou plutôt, selon le vocabulaire techno actuel, les « contenus » diffusés par de larges « tuyaux » ; ces contenus en continu mêlent information hachée menu et commentaires interminables.

CNews ou RMC ou Sud Radio cherchent les petites phrases chocs et les clashs qui font monter l'audience ; Facebook, avec son algorithme, favorise les groupes d'appartenance, et particulièrement les rassemblements comme Nuit Debout ou Gilets jaunes ; Twitter[13] a intérêt au choc entre communautés, pour capter toujours plus l'attention des « audiences » avides de *bashing*, de *trolling*, etc. Sans compter que d'autres médias plus classiques reprennent à leur JT de 20 heures les recettes des chaînes en continu ou mêlent débats de journalistes et chroniqueurs plus ou moins humoristiques pour jouer la carte de l'*infotainment*, ce mélange de spectacle et de nouvelles sans autre finalité que celle des parts de marché. C'est de tout cela que sont composés désormais les « contenus » qui sont proposés au citoyen.

Un avertissement tout d'abord, pour nuancer ce que je vais écrire dans ce chapitre. C'est la moindre des choses. L'impression de « trop d'info tue l'info » ne date pas d'hier. Se plaignant du flux médiatique qui écrase les vrais événements sous un monceau de faits divers, Nietzsche écrivait en 1888 : « Quelle importance peut-on alors accorder à la presse, telle qu'elle existe aujourd'hui, avec sa quotidienne dépense de poumons pour hurler, assourdir, exciter et effrayer ? – la presse est-elle autre chose qu'une fausse alerte permanente qui détourne les oreilles et les sens dans une fausse direction ?[14]» La seule différence avec la situation d'aujourd'hui semble être une question de puissance des médias, de leur capacité à capter l'attention, de leur hégémonie encore renforcée.

Dans un monde surinformé, le triomphe de l'opinion

Un mot sur le paysage général de l'usage des médias, qui n'est guère réjouissant en

France. Début 2020, 41 % des Français affirmaient leur désintérêt pour l'actualité ![15] Quant à ceux qui la suivaient, ils y accédaient en priorité par la télévision (48 %) et Internet (32 %), soit les deux supports… qu'ils jugent les moins crédibles. D'ailleurs, le niveau de confiance dans les médias en général avait chuté à 24 % en France en 2019, soit le plus mauvais score en Europe[16].

Certes, diront les optimistes, mais tout cela c'était « avant ». Avant la Covid-19, qui a vu les citoyens se précipiter sur les chaînes d'info en continu, les réseaux sociaux et les sites d'actualités ; des citoyens avides de statistiques, de témoignages, suivant passionnément les polémiques autour du confinement, de la chloroquine, des masques…

Oui, mais justement. Est-ce cela s'informer ? La double pression de la menace du virus et du confinement a certes poussé de nombreux individus à se coller devant les écrans pour tenter d'y voir clair sur les mesures de protection, les étapes de la pandémie ou les pistes thérapeutiques. Mais, en cherchant ces informations de base, ils furent entraînés dans le flux chaotique des chiffres rabâchés, des annonces contradictoires, des polémiques, des nouvelles anecdotiques et des opinions de pseudo-experts.

Ce cocktail n'est pas nouveau, le sociologue des médias Denis Muzet l'avait appelé, en 2006, la « mal info[17] », par analogie avec la « malbouffe » des fast-foods et des grignotages permanents. Cela conduit très logiquement à accroître l'infobésité mentionnée plus haut et à la rendre dangereuse pour l'esprit ; il s'agit d'un mal dont souffrent les consommateurs de médias pressés par le temps et frustrés en permanence, stressés par l'envie de connaître dans l'instant la suite du feuilleton que les chaînes d'info en continu et les réseaux sociaux leur procurent… Ces acteurs tissent des récits, des narrations express où l'on promet sans cesse de nouvelles explications et de « vraies histoires » pour être en prise avec « ce qui se passe ». De nombreux citoyens souffrent de cette peur de rater quelque chose (*fear of missing out* ou FOMO en anglais, pour « anxiété de ratage ») qui s'apparente à la terreur de manquer un épisode de la série que l'on suit avec passion.

En ces temps où la transparence est obligée et où la politique se découpe en

« séquences », les consommateurs d'actualité veulent connaître immédiatement la suite du feuilleton. On veut savoir tout de suite si la cure à la chloroquine est efficace. On veut connaître immédiatement les alternatives à telle ou telle thérapie ou l'origine du virus.

Dans ces conditions, le temps de l'enquête journalistique comme ceux de la recherche et de l'analyse sont compressés, et fournissent des informations forcément partielles, donc frustrantes. Souvent, pour compenser cette frustration, apparaît chez les consommateurs d'actualité la tentation complotiste et ses liens de causalité tordus. Sylvie Briand, directrice du département « Epidémie et pandémie » de l'Organisation mondiale de la santé (OMS), a nommé cela « l'infodémie ». Ce besoin de savoir tout de suite, combiné à la méfiance des médias, fournit un bon terrain pour les explications simplistes et paranoïaques.

Si les informations viennent à manquer dans un de ces feuilletons, la recette des télévisions en continu est simple : on demande à des « experts » réunis sur un plateau ce qui pourrait se passer. On entre alors dans le jeu des hypothèses, des scénarios et surtout des opinions. Si l'expert en question, ou l'éditorialiste faisant fonction d'expert, affirme son opinion avec assez de fougue persuasive – et c'est ce qu'on demande aux « bons clients » de la télé –, cela peut devenir une information, commentée *ad nauseam* sur les réseaux sociaux, avec la création d'un hashtag qui donne à l'opinion émise valeur d'actualité. Si l'opinion en question a, en plus, suscité un clash sur le plateau, elle peut prendre encore plus de « crédibilité » puisqu'elle se trouve au cœur d'une polémique.

Revenons à notre question : comment en est-on arrivé à une telle dérive, où la nuance est interdite de séjour puisque la réflexion longue n'a plus sa place dans ce champ-là ?

Sans doute parce que la production de l'actualité est devenue un marché hyperconcurrentiel, où la valeur de chaque information se réduit au fur et à mesure que le nombre des acteurs de ce marché augmente. Y a-t-il donc trop de chaînes d'informations continues en France, par rapport à la taille du marché potentiel et aux contraintes de coût de l'information ? LCI, CNews, BFMTV, France Info, France 24, LCP Public Sénat, RT ; sept chaînes qui doivent vivre avec des moyens limités (argent public ou publicité) tout en rendant le service qu'elles promettent. La vraie information, enquêtée et vérifiée, coûte cher, on le sait, les chaînes ont donc décidé de remplir le temps d'antenne de débats gratuits et de commentaires peu payés, voire pas payés du tout.

Ainsi que l'a bien résumé Serge Nedjar, directeur général de CNews dans une interview au *Parisien* : « On ne regarde plus une chaîne d'info pour savoir ce qui se passe ! On a toutes les actualités sur son smartphone. La différence se fait sur l'expression. Si nous avons plus de succès, c'est parce qu'il y a la rencontre avec une société qui s'interroge et s'inquiète. Nos plateaux sont le reflet de ce qui se passe dans la rue. » La discussion de café du commerce (vieux cliché, il est vrai) migre à l'écran. Avec dans le rôle du patron de café, derrière son zinc, des animateurs « grandes gueules » (Praud, Zemmour, Bourdin, Bercoff, etc.). Plus besoin de faire des « micro-trottoirs » – pourtant le degré minimum du journalisme, mais encore trop cher –, on fait monter « le peuple » et on le sert sur un plateau. D'autant, comme l'assure le patron de CNews, qu'« on ne s'interdit aucun thème ni aucun intervenant » puisque, oui, CNews est « une chaîne d'opinions »[18]. Et ça marche ! Le même dirigeant constate, en janvier 2021 : « Nos rendez-vous [de débats] ont progressé de 50 % à 300 %. Pour être franc, je ne m'attendais pas à une telle progression. C'en est presque effrayant[19]. »

Les débats télé, nouveaux matchs de catch

Bourdieu a écrit que la sociologie est un sport de combat. Mais qu'en est-il du débat tel qu'il est donné à voir sur les plateaux et sur les réseaux sociaux ? Sport de combat ? MMA[20], où l'octogone se situerait sur écran ? Il s'agit en tout cas d'un sport spectacle, riche en simulacres. On se souvient que le grand anthropologue Georges Ballandier[21] analysait l'exercice des pouvoirs (et des contre-pouvoirs) à travers sa théâtralisation ; tout peut se résumer à une « relation spectacle » dans le cadre d'une vaste « théâtrocratie » c'est-à-dire un gouvernement par le spectacle. Depuis l'ouvrage de Ballandier, la communication politique et ses mises en scènes sont devenues des activités comprises par les citoyens. Chacun sait ce qu'est un « coup de com' » et les médias ne pouvant se satisfaire de ce théâtre ont organisé leurs propres combats.

On se souvient des gants de boxe offerts à Bernard Tapie et Jean-Marie Le Pen sur le plateau de France 2 en 1994 par le présentateur du JT, Paul Amar. Ce célèbre débat lui avait coûté son poste, mais le journaliste n'avait fait après tout que jouer à fond le jeu du spectacle qu'on lui demandait de produire contre son gré. Donnant des gants de boxe, il rappelait les règles aux débatteurs. Ce fut d'ailleurs un assez beau match…

Stéphane Laporte, chroniqueur au quotidien québécois *La Presse*, comparait en 2015 les débats télévisés à des shows relevant du hockey : « Pourquoi a-t-on fait de nos idées des équipes de hockey ? Pourquoi est-ce impossible de les faire avancer, sans faire reculer les autres ? On se bat pour avoir raison, au lieu de cesser de se battre pour trouver la raison[22]. » Plus près de nous, Caroline Fourest écrivait, en 2020 : « Le débat public peut élever ou abaisser nos démocraties. S'il tourne au cirque permanent, on ne s'étonnera pas de voir des clowns surgir des urnes[23]. »

Elle notait également ceci : « Même moins puissante que jadis, la télévision conserve une immense responsabilité. Sa vision du débat contradictoire ne peut consister à donner cinq minutes aux victimes puis cinq minutes aux bourreaux, cinq minutes à la raison puis cinq minutes à la folie, cinq minutes aux racistes puis cinq minutes aux identitaires d'en face, avant de compter les points ou les morts. »

Le théâtre devient match, puis combat, mais n'est-ce pas surtout du catch ? Vous savez, ce sport-simulacre où l'on fait semblant de se cogner, où on se roule par terre de fausse douleur ; et où le spectateur peut à sa guise choisir qui est bon (vraiment bon) et méchant (vraiment méchant) ; où il siffle les coups bas et hue les coups tordus… On pense ici au premier chapitre des *Mythologies* de Roland Barthes[24], intitulé « Le monde où l'on catche ». En observant un plateau de débat on ne peut que penser à ce spectacle dont Barthes déchiffre avec minutie les rôles, les rites, le sens que prend chaque geste, les rapports au public. Du catch, donc, avec ses excès, son grotesque, ses règles qui n'existent que pour être transgressées et ses catcheurs affublés chacun d'un caractère bien précis, aux traits grossièrement grimés.

Le catcheur est un individu sans nuances, « tout d'une pièce », reconnaissable à son physique, à sa tenue, qui est là pour provoquer les émotions les plus brutes dans le public. Il est réductible à quelques caractéristiques aisément repérables. Voici Hulk Hogan ou le Bourreau de Béthune, Macho Man ou l'Ange blanc, selon les époques. Voici le rédacteur en chef de *L'Humanité* et celui du *Figaro Magazine*, voici la patronne de *Marianne*, celle de *Causeur* et le patron du *Point*. Voici Jean-Claude Dassier, vice-président de *Valeurs actuelles*, et Rokhaya Diallo, militante féministe et antiraciste. Du bon spectacle en perspective. Sur le ring, ils échangent des coups, sans s'économiser. Quel beau show que le choc de leurs opinions ! On entend des bruits mats, sonnant d'autant mieux qu'ils sont creux ; slogan contre invective ; punch line contre punching-ball. Les réactions, bravos et huées, pleuvent sur le fil Twitter de l'émission ; souvent une émoticône suffira puisque les émotions se réduisent à leur caricature. Pour, contre. Le catch, c'est cela. « Vas-y, cogne-le ! » « Ouah, quel tocard, celui-là ! »

Notez qu'il est très tentant face à ce genre de spectacle de couper le son. Après tout, ces matchs-là ne sont que du chiqué, du faux-semblant, un concours de mimiques, à grand renfort d'effets de guignol, les yeux au ciel, les haussements d'épaules, les rires forcés, des mains qui volent, des sourcils haussés. Faites l'expérience. Appuyez sur le petit haut-parleur barré de votre télécommande et regardez ce qui se joue. Entre deux coupures publicitaires ou flashs spéciaux, cela peut distraire. Et après tout c'est le but du jeu, non ?

Certes, il existe aujourd'hui toutes sortes de débats télévisés, tous ne sont pas du catch ; certains sont raisonnables, à fleuret moucheté ; d'autres sont ouvertement polémiques ou cherchent l'outrance (Praud et Zemmour sur CNews, et les plateaux de RMC ou Sud Radio) ; et puis il y a le fond du fond : Cyril Hanouna organisant à TPMP des discussions où l'on a le droit de virer le contradicteur dont la tête ne vous « revient pas ». Comme sur les réseaux sociaux, où l'on peut faire disparaître de son fil celui qui ne pense pas comme vous.

Prenons un exemple. Le 4 mars 2021, le présentateur a fait venir diverses personnalités pour débattre avec le rappeur Booba autour de la question (très originale) « Le rap est-il dangereux pour la jeunesse ? » ; parmi les invités : Jean Messiha, ancien cadre du Rassemblement national, extrémiste de droite caricatural. « Moi, je ne t'aime pas ! » lui lâche d'entrée le rappeur, « Je ne te connais pas humainement, je ne peux pas te dire si je t'aime ou pas ! » répond l'homme politique habitué des plateaux de télé-catch. « Moi, je ne t'aime pas. Tu viens du Front national ! Comment tu veux que je t'aime ? Tolérer le racisme ? Non », enchaîne Booba en éjectant le contradicteur sous les rires de tous. Le catch ici est à son comble puisqu'on oppose à un méchant cravaté (l'ex du FN) un dur au grand cœur coiffé d'une casquette… qui tacle méchamment le méchant (c'est son emploi sur le ring) sous les applaudissements de la foule. Puis, comme dans tout bon match de catch, le méchant, défait, ne veut pas quitter le ring, tente de continuer le combat (Messiha râle : « C'est sympa de m'avoir invité, comme ça tout le monde voit qui il est. Je vais rester. Je ne suis pas venu pour rien. »). L'arbitre Hanouna rappelle les règles en riant (« Jean Messiha, je suis désolé. Merci. Vous reviendrez ! »). Le bon Booba appuie encore et encore sur le bouton pour expulser le méchant (« Tu m'as dit : Je tape, il dégage ! »). Le méchant finit par partir sous les rires en lâchant un ultime « C'est ça, la démocratie ? Vous invitez des gens pour qu'ils ferment leur gueule ». Comme un ultime hommage à l'émission dont il feint de croire qu'elle est un débat démocratique. Et les rires redoublent devant l'attitude du mauvais perdant.

On remarque dans cet exemple le choc entre deux personnages désormais récurrents à la télévision : le chroniqueur-polémiste (comme les Zemmour-Naulleau de naguère et leurs successeurs) face à un « invité » qui fait la promotion d'un livre ou d'un CD. Cet invité que l'on espère « bon client », jouant de son sens de la repartie (puisqu'il va être agressé) ou amateur de fight (comme Booba dans l'exemple ci-dessus), doit faire le show, lui aussi, à coups de petites formules assassines. L'invité, c'est le jeu, ne doit pas ennuyer le public avec la complexité de ses propos, ses nuances…

Soudain, l'image de Nietzsche me revient. Le philosophe qui s'exclamait « Malheur à moi qui suis une *nuance* ! » (« Wehe mir ! Ich bin eine *nuance* »)[25]… Nietzsche l'incompris nomme nuance ce qui permet une pensée complexe, riche parfois de contradictions internes qui la rendent plus difficile à comprendre. Nietzsche, malgré ses grosses moustaches et son regard perçant, n'aurait pas été un bon client de nos chaînes en continu. Il revendiquait « le courage d'être ennuyeux ». Dans *Humain, trop humain*[26] il écrit : « Celui qui n'a pas le courage de permettre que l'on trouve ennuyeux son œuvre et lui-même n'est certainement pas un esprit de premier ordre, que ce soit dans les arts ou dans les sciences. »

Le philosophe des sciences Etienne Klein reconnaît volontiers que la nuance, « c'est peut-être un peu emmerdant », alors que « les gens qui parlent sans nuance donnent l'impression d'avoir raison ».

« Sachant que la nuance a à voir avec le doute, l'incertitude, la prudence, note Klein, celui qui doute apparaît comme ne sachant pas bien ce qu'il pense. Et cela me semble être une menace, parce qu'on sait très bien que ce n'est pas dans les positions les plus extrêmes qu'on trouve la vérité mais dans des imbrications, dans des superpositions, c'est dans la nuance précisément qu'elle se situe. » Puis il explique pourquoi les nuancés et les modérés ne sont pas de bons clients puisqu'ils font attention à ce qu'ils disent, alors que « quelqu'un qui vient dire une énorme bêtise à la télévision ou à la radio va engendrer toute une série de réactions, beaucoup plus nombreuses que quelqu'un qui dit quelque chose prudemment en disant ce qu'on sait, ce qu'on ne sait pas, en expliquant la différence entre les deux, etc. »[27].

La fabrique du bon client

Le bon client est formaté. Il rentre dans les cases. Il raccourcit ses formules, il s'adapte aux exigences des médias speedés. Il simplifie son message. Souvent, il s'est entraîné. On lui a fait suivre des séances de media training.

Le media training consiste à formuler avec l'aide d'un consultant un petit nombre de messages que l'on veut faire passer absolument, puis de les faire entrer dans la bouche de celui qui va les porter à la télévision ou à la radio. Chaque mot compte, chaque tournure est étudiée (les fameux éléments de langage). Il s'agit d'un travail méticuleux pour lesquels grands patrons ou politiques dépensent du temps et de l'argent. Dans des studios reconstitués, de vrais journalistes vont jouer aux faux interviewers pour pousser le « média-traîné » dans ses retranchements et le forcer à s'améliorer. L'avantage est évident pour l'orateur d'un jour, comme pour le média, qui dispose ainsi d'un intervenant, parfois un peu appliqué mais qui en tout cas « va rentrer dans la case ».

Le bon client peut aussi être invité en tant que connaisseur, voire expert d'un domaine d'actualité. Le patron d'un groupe pétrolier peut être amené à s'exprimer sur la sortie des énergies fossiles lors de la discussion d'un projet de loi. Pour peu qu'il oublie ses certitudes d'ingénieur du corps des mines et qu'il se soit fait briefer par ses communicants sur les points à mettre en avant, il passera bien. Il parlera d'énergies alternatives, en phrases courtes, pleines d'allant (car il faut y mettre du cœur). Il donnera des exemples valorisants pour son entreprise. Il sera dans l'air du temps, forcément : s'il a accepté de parler, c'est qu'il a quelque chose à vendre. D'où sa motivation. Il va servir, bien entendu, une solide langue de bois managériale ou technocratique, fondée sur des certitudes, avec une arrogance de bon aloi, elle-même fondée sur son « métier », sa longue expérience du secteur.

Rien de nuancé là-dedans, pas le temps, il vend sa vision de tel ou tel sujet dans lequel il est partie prenante. Le média qui l'a invité, ravi de ce coup, ne va pas le mettre en difficulté, ou alors de manière tellement spectaculaire et caricaturale qu'il lui sera facile de s'en sortir la tête haute. Inviter le porte-parole du NPA ou un député LFI pour porter la contradiction face à un grand patron, et l'on est sûr du résultat. Les deux interlocuteurs ne sont pas sur la même planète. Le politique parle de la vie des gens, l'autre de la vie des affaires avec toujours cette prime au « bon sens » arrogant de la finance qui revient toujours à dire « Mais, mon pauvre ami, si l'on faisait ce que vous dites il n'y aurait plus d'entreprises en France », ou quelque chose de ce genre.

Il fut une époque où l'on organisait des combats entre des boxeurs et des kangourous, cela faisait un spectacle distrayant mais n'avait pas grand sens. Souvent les télévisions s'amusent à ce genre de farce, de combat de langues de bois, entre des grands patrons et des élus, des experts et des militants. Si le politique en face est agressif et que le patron ou expert s'en sort élégamment, c'est un partout, balle au centre. Si le patron, ou l'économiste officiel, terrasse le militant ou le chroniqueur d'un assaut vengeur, c'est encore mieux. Chacun y gagne à son niveau. Seule une certaine forme de réalité, voire de vérité, sera la perdante de la partie. Qu'importe, c'était un grand moment de télé ou de radio. On en redemande. Et la scène tournera sur les réseaux avec des accroches fortes : *comment X a détruit Y chez Z*, ou *le clash X-Y chez Z*. YouTube adore ce genre d'extraits. Notez que jamais on ne dit de quoi ça parle. Tout est d'abord une question de personnes, on est, à nouveau, purement dans le catch.

Seule limite à ce genre d'exercice : le bon client veut absolument accrocher son actualité à lui (son livre, son album, ses résultats, etc.) à l'actualité générale, sociétale, voire politique ; puisque c'est la façon d'être « repris sur les réseaux sociaux ». Le buzz de Twitter ou Facebook se nourrit de phrases simples qui viennent en collision avec l'air du temps, du jour, ou de la demi-journée… car il ne s'agit pas encore totalement d'une science exacte.

Prenons l'exemple de l'excellent André Comte-Sponville. Ce philosophe publie à l'automne 2020 un respectable *Dictionnaire amoureux de Montaigne* de six cent cinquante pages[28]. Comme on est en pleine pandémie, il va en parler sous un angle philosophique plutôt… grand public (on est tous mortels, la mort fait partie de la vie, les vieux sont plus près de la mort que les jeunes…). Il va donc embarquer Montaigne au pays de la Covid.

Et justement, l'auteur des *Essais* a vécu plusieurs épisodes de peste, pendant ses voyages et en 1585-1586 en Guyenne. Notre philosophe bon client invité sur tous les plateaux va se régaler du rapprochement historique. Répétant à longueur de plateau que « la peste, Montaigne n'en faisait pas toute une maladie » (clin d'œil), il enchaîne *ad nauseam* sur « le sanitairement correct » qui est « l'opposé de la liberté de l'esprit » ; puis il va, ajoutant que « la santé, il n'y a pas que ça dans la vie, on ne va pas en faire la valeur suprême », « la liberté, le courage, la justice, l'amour, voilà les valeurs suprêmes »… et de toute façon (retour au thème) « il faut bien mourir de quelque chose ». Toutes choses véritablement tirées des *Essais*, où Montaigne, souffrant de coliques néphrétiques, traite de santé, de vie précaire et beaucoup de la mort (dans le chapitre 3 du livre II, notamment).

Notre bon client de 2020 va traduire cela en phrases courtes, un peu (!) fades dans leur contenu, mais en tout cas suffisamment *punchy* pour être reprises et commentées sur tous les réseaux. Rappelant sans cesse qu'il connaît son Montaigne sur le bout des doigts (son dictionnaire est, il est vrai, fort travaillé), il choisit une citation du grand homme qu'il répète en boucle sur tous les plateaux : « Tu ne meurs pas de ce que tu es malade, tu meurs de ce que tu es vivant. »[29] Citation parfaite, que tout le monde peut comprendre. Est-elle pertinente ? Apporte-t-elle quelque chose qu'on ne savait pas au débat ? Pas grave, le philosophe l'assène avec sa fougue coutumière d'excellent professeur passé maître dans l'art de tenir des amphis en haleine avec des suites d'aphorismes à la fois référencés et facilement assimilables.

Je ne suggère pas ici que le philosophe en question dit n'importe quoi. Je souligne simplement que l'exercice de communication télévisuelle (et radiophonique) en tant que bon client repéré et habile rend ce qui est dit particulièrement… creux. Peut-on faire de la philo sur la vie et la mort en quelques secondes, entre deux tranches de pub ? La réponse est dans la question. Pourtant André Comte-Sponville en rajoute, et l'allant qu'il déploie dans ce qu'il expose est digne d'éloge.

Le bon client est celui qui met une telle énergie dans les propos les plus convenus et les clichés les plus éculés que sur le moment cette énergie suffit à faire le spectacle. Le bon client assène, il est tenu à une certaine arrogance. Telle que la définissait Barthes, l'arrogance rassemble « tous les gestes (de paroles) qui constituent des discours d'intimidation, de sujétion, de domination, d'assertion, de superbe[30] ». La fabrique du bon client revient finalement à le doter d'une bonne dose d'arrogance quand elle ne lui est pas naturelle (j'y reviendrai au chapitre suivant).

Le professeur Didier Raoult, fort de ses publications, de sa blouse blanche qui dit sa position, de son mépris pour les journalistes ignares, et de son palmarès qu'il ne cesse de mettre en avant comme un bouclier d'autorité, est l'archétype de l'arrogant télévisuel. Il met en scène en continu sa propre compétence à l'aide de comparaisons simples et aisément compréhensibles, d'une suite d'aphorismes suffisamment brefs pour être retenus (hélas pour lui, certains s'en souviendront). Le téléspectateur, qui confond souvent suffisance et pertinence, est subjugué ; il ne zappe pas.

C'est justement ce qu'on recherche.

Petites phrases, « mèmes », et guerre de l'attention

Sur les écrans de télé comme sur ceux des portables se déchaîne un affrontement sans merci où les enjeux sont cruciaux pour les entreprises de médias, GAFA et autres opérateurs de « tuyaux et contenus ». La guerre de l'attention fait rage, sur Internet, comme à la télé. Il est important d'en traiter ici, car la nuance attire et retient moins l'attention que les fadaises assénées avec suffisance.

Le concept d'économie de l'attention[31] est apparu au milieu des années 1990-2000, au moment où surgissait Internet et où le PDG de TF1, Patrick Le Lay, revendiquait la commercialisation, au bénéfice des marques, de « temps de cerveau humain disponible[32] ». Il fallait d'urgence étudier ce nouveau marché d'une ressource rare : l'attention du consommateur de contenus sur écrans (et consommateur tout court, la plupart du temps).

Pour attirer, capter puis retenir l'attention, les producteurs de contenus en ligne ou hors ligne, dépendants d'un modèle économique absolu, doivent soumettre l'individu à des stimuli : l'enfermer dans une bulle à l'aide d'algorithmes et faire sans cesse apparaître dans cette bulle des aspérités, des éléments qui accrochent puis satisfont son activité mentale.

Selon les experts de Google la capacité de concentration de la génération dite des Millenials[33] est de neuf secondes[34] ! Quant aux autres, à nous tous, boomers ou génération X, coincés entre nos divers écrans, plus réceptifs qu'on le croit aux *fake news* et aux fourriers du complotisme, nous papillonnons d'une sollicitation à l'autre en guère plus de temps. Qu'est-ce donc, alors, qui va attirer notre attention ?

Simple : l'attention est le plus souvent prise au piège de l'émotion ; selon les cogniticiens, elle est captée par ce qui est saillant sur le plan émotionnel, l'indignation, la moquerie, l'adhésion agréable à un message, par exemple. L'attention fait en permanence des sélections entre tous les messages qui parviennent à l'individu, choisit ce qui va le satisfaire, lui causer du plaisir sur le moment.

Comment alors capter l'attention dans un débat de plateau ou dans un fil de discussion sur les réseaux sociaux ? En multipliant les formats courts et arrogants, on l'a vu, mais aussi en jouant sur tous les registres de l'émotion. On aborde ici les ressorts de la puissance des plateformes digitales : quand elles ne disposent pas de contenus tout prêts (le clash d'une émission, une petite phrase), elles les fabriquent elles-mêmes, souvent avec l'aide des internautes.

Quand Jean-Luc Mélenchon, furieux de la perquisition dans les locaux de LFI le 16 octobre 2018, crie aux policiers « La République, c'est moi ! », il produit tout seul une petite phrase radicale qui va tourner en boucle sur les réseaux et alimenter un débat forcément binaire entre ceux qui le défendent et ceux qui le raillent. La violence de cet affrontement filmée par l'équipe de l'émission *Quotidien*, habile à faire le buzz sur les réseaux sociaux, restera figée pour longtemps et renforcera l'image d'un leader de LFI au caractère emporté.

Quand les élus EELV, peu habitués au spectacle du pouvoir, arrivent à la tête de mairies de grandes villes, au grand dam des partis traditionnels et des macronistes, ils font des déclarations surprenantes qui sont autant de petites phrases reprises et commentées. Le maire de Bordeaux refuse de mettre un « arbre mort » devant l'hôtel de ville pour Noël ; il fabrique son propre buzz. Il crée de l'émotion puisque toucher à Noël, c'est attenter à la fête des enfants, et à ce qui participe de l'enchantement. Comment oser refuser un sapin à nos chères petites têtes blondes ?! s'époumone l'opposition bordelaise sur les réseaux, renforçant l'émotion née de l'incompréhension des propos du maire.

Même chose, quelques mois plus tard, lorsqu'à Poitiers l'édile refuse de subventionner l'aéroclub. L'émotion est immédiate : en agissant ainsi, elle semble faire peu de cas des « rêves des enfants » et empêche les petits handicapés de faire leur baptême de l'air. Horreur de l'horreur. Aucune nuance dans les propos de l'élue ; aucune nuance dans les réactions des commentateurs, dûment stimulés par les réseaux numériques macroniens en guerre contre EELV au nom du progrès technologique et de la lutte contre les « amish » dénoncés par le président lui-même.

La fabrication puis la propagation d'un « mème » relève d'un processus similaire : un élément de contenu – une image le plus souvent – devient viral par son appropriation créative, et son détournement multiplié encore et encore. En janvier 2021, l'attention va être captée pendant plusieurs jours par la photo de Bernie Sanders assis bras croisés, avec ses grosses moufles tricotées, lors de l'intronisation de Joe Biden. Le sens de la photo est clair : le sénateur du Vermont, d'extrême gauche, est tourné en ridicule pour son apparence emmitouflée (et pas commode). Non, décidément il n'était pas présidentiable, en voici bien la preuve.

Il s'exprimera quelques jours plus tard sur ce même pour déclarer qu'en effet dans son Etat on a l'habitude des grands froids, on sait s'en protéger grâce à de confortables accessoires. Malin, il utilisera cette aventure pour mettre aux enchères des tee-shirts et autres objets à l'effigie du même et lever 1,8 million de dollars afin d'aider les familles pauvres de son Etat.

Face à la viralité d'une image (très) drôle, (trop) révoltante ou (très, très) touchante, que peut la nuance ? Elle n'apparaît pas dans le paysage des mèmes ou des petites phrases, elle est exclue de ce genre de système. Toutes ces caricatures, ces outrances sémantiques si l'on veut, poussent le message politique vers ses extrêmes. Elles n'exigent que deux types de réponses (en plus du silence ou du retrait) : j'aime ou je n'aime pas. Je partage ou je ne partage pas. Car si je partage en tentant de nuancer, je partage quand même et participe donc à la viralité du cri numérique.

Le pouvoir viral fabrique des images autour de personnages du théâtre politique et de leurs opinions ; il modèle des caractères puis les fige. Les réseaux sociaux agissent ainsi comme des pièges qui se referment sur celui qu'ils ont attrapé au détour d'une minute d'inattention ou d'un geste non maîtrisé.

La fin de l'utopie 2.0 de la « démocratie augmentée »

De même qu'il y a des repentis de certaines idéologies devenues terroristes, il existe des repentis de l'utopie internet devenue guerre de l'attention et gavage de GAFA. Bruno Patino, qui fut un des acteurs français les plus actifs dans la transition des journaux, radios et télévisions vers la Toile, écrit en 2019, en parlant de l'utopie de « la sagesse de la foule et de l'intelligence collective » rêvée au tournant du XXIe siècle à l'orée du Web 2.0[35] : « Deux décennies plus tard, le constat est sans appel : la foule est bien là. La sagesse, pourtant convoquée, ne s'est pas présentée. Dépendance aux écrans, outrance du débat public, polarisation de l'espace public, réflexes qui prennent le pas sur la réflexion, l'agora transformée en aréna : telle est notre époque. »

Parmi les causes de cette dérive, Bruno Patino donne toute sa part au « pouvoir économique né de l'accumulation », à la

« superstructure économique », mais il constate aussi « l'emportement collectif né des passions individuelles » s'exprimant sans frein.

Eric Fottorino, qui dirigea *Le Monde* au moment de sa transformation bi-média, partage ce point de vue. Il reconnaît, avec une certaine amertume[36], « la grande désillusion de ces vingt dernières années », ajoutant : « On aura une démocratie augmentée, tout le monde pourra s'exprimer, y compris ceux qu'on appelle "les invisibles"… Et finalement, on observe une radicalisation des opinions à travers les réseaux, où le débat devient du combat, et du combat on passe à "comment j'abats l'autre, je le dénigre en tant que tel, je l'essentialise", et il n'y a plus de dialogue possible. »

On le voit chaque jour sur les réseaux sociaux, l'autre, en tant qu'acteur du même gigantesque média multiplateforme, est à la fois « suivi », « liké » ou objet de défiance, de rancœur, de haine. S'il est politique, on surréagit à ce qu'il partage. On est en permanence dans le trop, dans le « top » ou « nul ». Posons-nous la question : quand avons-nous récemment changé d'avis, ou même changé notre regard en lisant un post ou en écoutant une intervention repartagée d'un politique de l'autre bord ? Ainsi, nous nous enfermons dans des catégories, des groupes, des bulles.

Eric Fottorino, encore : « Le jeu des algorithmes nous range dans une case. On a chacun notre ombre numérique qui nous calcule au sens propre du terme, qui en sait peut-être plus sur nous que nous-même et qui fait qu'on ne peut plus jamais, ou de moins en moins, être confronté à une opinion dissonante par rapport à ce qu'on pense. »

Et si nous sommes encore confrontés justement à une opinion dissonante, elle va nous agacer, nous indigner et, pour certains d'entre nous, nous offenser. Puis de l'offense on va passer au rejet pur et simple, à l'envie d'effacement, comme lorsqu'on « dé-friende » un « follower » qui, selon nous, pense mal. L'espace numérique offre en permanence cette possibilité de se séparer de tel ou tel, de le faire disparaître de son réseau, de son cercle, de son horizon ; un geste d'une grande violence symbolique.

L'ancien patron du *Monde* poursuit ainsi : « On fragmente la société et c'est très dangereux pour les démocraties. A partir du moment où l'on remplace un lien social par des liens communautaires ou par des liens identitaires, il y a un vrai danger pour la liberté d'expression. » Ce à quoi, d'une certaine façon, l'édito de *L'Obs*, cité plus haut[37], répondait par avance : « On a beau jeu d'accuser les réseaux sociaux, ces terrains de "flingage" où l'on chasse en meute, en quelques dizaines de caractères expéditifs soulignés d'un émoji assassin. [...] Mais ne sont-ils pas le simple miroir de nos tristes passions, le reflet de nos paresses ? »

Observons ce qui se passe lorsque l'actualité met en avant le conflit israélo-palestinien. Dans ce débat-là, l'injonction est de choisir son camp sans hésitation. Tout de suite. Alors que depuis plus de soixante-dix ans la situation est inextricable, que les enjeux n'ont fait que croître dans leur complexité, le système attend de nous des opinions tranchées. Si nous ne sommes pas pour un camp, nous sommes forcément pour l'autre. Cette sommation absurde ouvre la voie à toutes les manipulations, notamment dans des manifestations où les gens de bonne volonté voisinent avec de vrais idéologues pétris d'arrière-pensées. De temps à autre, cependant, une voix s'élève pour réclamer le droit à la nuance.

En mai 2021, alors que les combats faisaient rage autour de Gaza et de Jérusalem-Est, un citoyen, Luc Broussy, chef d'entreprise, ex-responsable socialiste, écrivait ainsi sur sa page Facebook ce constat plutôt amer : « Il nous faudrait donc choisir entre d'un côté "les pauvres Palestiniens opprimés par un Etat sioniste pratiquant l'apartheid" et de l'autre "un Etat juif, seul pays démocratique de la région assailli par les terroristes islamistes du Hamas". Nulle nuance possible désormais. Choisis ton camp, camarade. Et en fonction de ce choix, attends-toi à perdre 50 % de tes amis ou, en optant pour un choix raisonnable, d'en perdre… 100 %. »

Les réseaux ne sont-ils que des miroirs et leurs algorithmes des jeux de miroirs grossissants creusant les différences entre individus et entre groupes ? Le communautarisme galopant, la remise en question des grands principes universalistes, l'individualisme sous toutes ses formes ne sont-ils pas des mouvements de fond que les médias sociaux ne font que mettre en scène et renforcer ? Le délitement du débat politique, le flou du « en même temps », le dégagisme, la polarisation ne sont-ils pas des dérives présentes dans la société que Twitter et les autres ne font que recouvrir de milliers de débats minuscules et anecdotiques ?

Voici une situation que ni Camus, ni Barthes (ni Héraclite...) n'avaient rencontrée. Les agoras qu'ils fréquentaient étaient physiques, les médias qu'ils observaient étaient séquentiels, et laissaient un peu plus de temps pour la réflexion.

Aujourd'hui, la nuance ne semble nulle part convoquée dans les réseaux digitaux et les médias en ligne. Peut-elle encore s'introduire dans ce paysage pour en adoucir les contours abrupts et recréer du dialogue là où le combat s'est imposé ? Oui, je le crois.

Nous sommes un certain nombre à en être persuadés, même si nous ne sommes pas les plus bruyants. Ce qui nous lie est une lassitude face à la brutalisation des débats. Un ras-le-bol gigantesque : dans ces torrents de boue, ces flots de haine, d'intolérance, nous étouffons, comme le disait Camus. Nous réclamons le droit de faire entendre une voix humaniste, paisible, réfléchie. Notre revendication pour cette autre façon de débattre est la seule piste pour construire des espaces d'accords constructifs.

Et la nuance a des ressources pour combattre les dérives pointées ici.

Chapitre 3

Les combats de la nuance

Une fois évoquée la crise de l'esprit qui menace, et identifiées les causes médiatiques et idéologiques qui altèrent la conversation en faisant disparaître la nuance, examinons comment la faire revivre et ainsi réensemencer l'esprit dans le débat public.

Ne nous trompons pas, face aux batailles rangées du manichéisme pas question pour l'amateur de nuance de se complaire dans l'angélisme : il s'agit d'une insurrection intellectuelle qu'il faut mener sur plusieurs terrains. Le champ d'intervention peut paraître immense, notre ambition de résistance démesurée. Mais il y va de la sauvegarde du débat démocratique, qu'il s'agit de préserver des atteintes de la suffisance, de la radicalité, de la mauvaise foi ou de la dictature de l'émotion.

Par chance, si les forces adverses à la nuance sont légion, la nuance elle-même est suffisamment équipée pour se défendre contre les cinq maux qui l'occupent principalement : l'urgence, l'arrogance, la violence, l'offense et la défiance. Ils sont tous étroitement liés à la crise décrite dans le chapitre précédent. On pourrait même dire que, sur les rings télévisés, ils cohabitent quotidiennement. Pour y triompher, en effet, il faut aller vite et fort, paraître sûr de soi, en imposer, sembler se défier de tout et réclamer en permanence ce fameux respect… que l'on ne démontre pas nécessairement dans ses discours.

L'urgence donc, parce que le numérique a accéléré les temps de réaction attendus des individus dans tous les forums où ils échangent, depuis les simples e-mails jusqu'aux commentaires sur les réseaux sociaux. Sur un plateau de télé-catch, on doit réagir vite, sans trop réfléchir ; les mots mêmes qui sont utilisés pour décrire ce qui s'y passe sont ceux de l'urgence (clash, punchline, etc.). On est plus dans le réflexe que dans la réflexion.

L'arrogance est un des maux endémiques de la société française ; l'arrogance de la noblesse, des coloniaux, des pédants décrits par Montaigne touche maintenant d'autres catégories : politiques, patrons ou experts. Sur les scènes médiatiques, l'arrogance semble donner de la crédibilité aux propos, mais c'est un leurre. On y est davantage dans l'affirmation que dans la pondération.

La violence radicale est en partie solidaire de l'arrogance en cela qu'elle cherche à imposer une vision unilatérale des problèmes et des solutions, à grand renfort de « hurlements », aurait dit Camus. Elle en rajoute dans le manichéisme, l'exclusion des déviants, le mépris de celui qui est taxé de mollesse parce qu'il pose des questions raisonnables. On est là dans l'excès et l'outrance.

L'offense, quant à elle, est désormais la posture qui justifie bien d'autres excès. Dans la culture morale que j'évoquais plus haut, culture de l'émotion, pas question d'accepter qu'un interlocuteur puisse penser et s'exprimer en dehors des règles. Réfléchis bien, ô débatteur imprudent. As-tu, avant de prétendre échanger, fait un travail sur toi pour prendre conscience de tous tes privilèges ? As-tu fait acte de contrition, publique et sincère, avant de parler ? Connais-tu le vocabulaire interdit et celui qui est accepté ? T'es-tu assuré qu'il t'est vraiment possible de t'exprimer, sachant ce que tu es, et ce que tu représentes (au hasard : un vieux mâle blanc). On est là dans le registre de la morale absolue… et absolutiste.

La défiance, de son côté, est l'une des conséquences les plus évidentes de l'état de chaos informationnel décrit au chapitre précédent. Qui est *vraiment* celui qui me parle ? D'où tire-t-il son pouvoir de m'informer ou de me conseiller ? Pourquoi communique-t-il maintenant (*comme par hasard*) ? Au-delà du doute raisonnable, bien au-delà du scepticisme de Montaigne, voici la cohorte de ceux qui ne veulent plus rien accepter venant d'en dehors de leur sphère. On se rapproche de l'ignorance véritable. Celle qui ne sait pas qu'elle ne sait pas.

Urgence, arrogance, violence, offense et défiance, on le voit, paraissent liguées pour tuer tout débat et y écraser la nuance. Mais c'est sans compter avec les ressources de cette dernière et de son compagnon de route, l'esprit critique.

La nuance face à l'urgence

Tout est urgent. Tout est trop tard. Tout était pour hier. Ecoutez-les, nos bons apôtres. Pour éviter le déclin du pays, il faut le réformer sans attendre, là, tout de suite. Pour éviter la catastrophe climatique, fermons illico le robinet des gaz à effet de serre. Pour changer la société, reconnaissons chaque micro-identité dans sa spécificité absolue, sans une minute d'hésitation. Le politique fixe des agendas sans nous demander notre avis. Nous crevons sous les mails « asap », sous l'info en continu et ses injonctions, comme sous les *to-do* listes quotidiennes.

Chacun sait, depuis les analyses du sociologue Hartmut Rosa en 2010, que « l'expérience majeure de la modernité est celle de l'accélération[1] ». En 2013, le philosophe Christophe Bouton a complété cette approche (et celle, antérieure, de Paul Virilio sur la vitesse[2]) par une analyse de l'urgence, de la nécessité de toujours se presser, comme caractéristique de notre postmodernité. Nous vivons, selon lui, « le temps de l'urgence[3] », au double sens d'une époque dominée par ce phénomène envahissant et d'une forme de temps spécifique imprégnée par des normes de productivité et de rentabilité à court terme.

Or, l'accélération et l'urgence dictent leur loi jusque dans le jeu démocratique. Et c'est là que ça dérape.

Que s'est-il passé pour que notre rapport au temps se soit emballé ? Observons d'abord le contexte. Nous évoluons, depuis le milieu des années 1990, dans une course effrénée à l'innovation, dans un système où il faut être le premier à proposer très vite une technologie « de rupture ». L'expression « *the killer app* », apparue à la fin du XXe siècle, évoque ces lancements brutaux d'un nouveau logiciel, d'une application inédite qui va tuer la précédente. La disruption est le mot symbole de cette tendance : on change de modèle (et même de « paradigme », dans la novlangue digitale) à toute allure et on rend définitivement dépassé ce qui existait juste avant.

La rupture s'est peu à peu imposée comme idéal d'innovation ; on redécouvre les vieux modèles économiques de Schumpeter de la destruction productive, en s'étourdissant de ces changements brutaux à répétition, oubliant qu'ils sont bien souvent minuscules… et qu'ils imposent, comme le veut le capitalisme moderne[4], des nouveautés dont personne n'avait vraiment besoin.

N'empêche, ce déchaînement des annonces de nouveaux produits, de combinaisons technologiques inédites, tisse la toile de fond de notre civilisation numérique. A peine Snapchat est-il installé que Tik-Tok le supplante, WhatsApp écrase Messenger, Zoom détrône Skype avant de se faire titiller par Teams, Clubhouse agace Facebook, etc. Avec pour seul résultat que nous sommes de plus en plus accros à nos écrans.

Courses aux idées et opinions instantanées

Dans le domaine des idées et des opinions on retrouve la même succession de ruptures en accéléré. Même si, en fait de ruptures, il s'agit souvent de réactions rapides à des situations. Les mots clés de l'actualité accolés de mots-dièse virevoltent sous nos yeux jour après jour. Tout cela va si vite qu'on est bien en peine d'attraper une idée et d'y appliquer une analyse critique un peu charpentée. Plus le temps de réfléchir, juste celui de commenter à chaud, de poster un commentaire plutôt, d'entourer d'un peu d'opinion instantanée la nouvelle idée, elle-même enrobée d'une couche d'émotion.

L'ancien président de la République Nicolas Sarkozy jouait en virtuose de cette saturation médiatique en annonçant chaque jour une initiative ou une provocation. Communiquer chaque jour était la règle. Rien de très original, si ce n'est le rythme. Impossible à suivre pour beaucoup, il justifiait cette frénésie en expliquant qu'un chef d'Etat était confronté à des problèmes complexes et multiples. Emmanuel Macron, comme souvent les politiques débutants, annonça en début de mandat une « parole rare ». Engagement qui n'a pas tenu longtemps. L'hyperpersonnalisation du pouvoir en France conduit le président de la République à s'occuper de tout, au fil d'interventions directes, d'annonces et même d'annonces tests de l'opinion, qu'on appelle des ballons d'essai. Autant d'initiatives qui accélèrent, s'il le fallait, le débat puisque chaque soir, sur de nombreux plateaux, les commentateurs doivent… commenter – c'est leur emploi – ce qu'a dit le président ou l'un de ses porte-voix, en émettant des jugements tranchants, des opinions préfabriquées qui alimentent pour quelques heures la polémique.

Les chaînes d'information en continu ont un rapport au temps particulier : le direct impose de « remplir » l'antenne en permanence… tout en « faisant court », pour ne pas lasser le spectateur. Mais au fond que commente-t-on dans ces cénacles ? Des déclarations évoquant une idée, plus ou moins vague, pour tester son acceptabilité sous diverses formes : « on pourrait… » ; « on va lancer un chantier… » ; « on prépare une loi… » ; « désormais, il faudra… », etc. En choisissant un mot qui enfermera le débat dans un cadre sémantique strict (le débat sur « l'identité » époque Sarkozy ou celui sur le « séparatisme » époque Macron). Toute l'habileté consiste à présenter le ballon d'essai comme cohérent avec les précédentes annonces, la politique suivie, sans s'engager trop, tout en paraissant confiant et péremptoire. Pure rhétorique ouvrant des séquences de communication en rafale.

Les mandats sont courts et les électeurs exigeants (malgré tout), l'exécutif fixe donc des échéances très rapprochées, même si le projet de loi est mal préparé, qu'il change d'intitulé au passage, qu'il trouve difficilement un créneau dans l'agenda parlementaire surchargé, que divers artifices constitutionnels accélèrent encore le processus… Quitte à l'inscrire dans un continuum de « grands débats », de « Grenelle », de réformes express et d'empilement législatif. Quelle est donc la place laissée à la discussion raisonnée, raisonnable et nuancée ? La portion congrue…

… du moins dans le débat citoyen. Car, dans la France du cynisme roi, ces moignons de dialogues et ces avortons de discussions ne pèsent guère puisque, dans l'ombre des cabinets, des conseillers et des technocrates forcément omniscients réfléchissent vite et ont tout prévu. Rapides, agiles[5], ils sont censés comprendre les « vrais » enjeux politiques, eux. Ils traduisent les annonces en chantiers et les chantiers en projets de loi. Hop, hop, place au suivant. Pas le temps de discutailler ! Ils savent mieux que nous ce qui est bon pour nous.

Si le peuple exige d'être écouté quand même, l'exécutif lui proposera d'envoyer ses doléances (dont les cahiers dormiront aux archives) ou de tenir une convention citoyenne pour recueillir ses idées (sévèrement triées). Si le peuple grogne plus fort, on supprimera l'ENA en le remplaçant par son équivalent sous un autre nom. Et si le peuple prend un coup de sang, on parlera de populisme, les cénacles au pouvoir se pinceront le nez ; populisme est un mot disqualifiant, on l'a vu[6]. Pas de débat avec les populistes. Circulez ! Vite, parlons d'autre chose.

Face au talk-show fast and furious, le slow-talk[7]

Résumons : le débat démocratique est remplacé par une rafale de propositions (modernes et réformistes, forcément) que les commentateurs patentés sont priés de commenter au fil de l'eau, rapidement (pour ou contre). Dépêchons, l'agenda est chargé pour ceux qui veulent « changer de logiciel », « renverser la table » et

« faire bouger les lignes », selon les clichés du nouveau monde politique. On est loin du « débat libre et raisonné » cher à Condorcet.

Dans la boîte de mots, de couleurs et de sons de la nuance, choisissons donc ce qui nous permettra de maîtriser l'avalanche de ces débats accélérés. La solution est évidente : en termes de tempo, nous choisirons entre le largo et l'adagio ; en termes de peinture, de larges à-plats ; en termes de mots en revanche, la recherche du mot juste prend du temps, il y aura des silences, pour écouter et penser.

Comme le *slow-food* a permis de reconquérir le goût en 1990, le *slow-talk* pourrait nous permettre de regagner un peu de goût pour la démocratie. On freine et on prend du recul. « On arrête tout, on réfléchit et c'est pas triste », écrivait Gébé dans son utopie libertaire de 1970, *L'An 01*[8].

Ralentir aujourd'hui n'est plus une utopie, mais une nécessité que nous sommes nombreux à ressentir. Déjà des citoyens, partout en Europe, choisissent des médias qui leur apportent de quoi réfléchir vraiment, des formats longs, des revues… Ce que l'on appelle, depuis la fin de la décennie 2000, les *slow-médias* (ou médias doux), prônant une fabrication plus réfléchie d'informations qui ont du sens[9].

Refusons de nous enflammer devant les chiffons rouges agités par les pouvoirs – et contre-pouvoirs – qui jouent sur nos émotions au lieu d'en appeler à notre capacité de réflexion. Comme l'écrit Christophe Bouton[10] : « L'urgence est la vitesse sous la menace, l'accélération assortie d'un ultimatum. » Les arrogants qui nous gouvernent fixent l'agenda au plus serré, c'est leur intérêt. Mais qui a dit que nous devions débattre là, tout de suite (et n'importe comment) de la retraite, de la laïcité, de l'assurance chômage, de la dette ou du séparatisme islamique ? Halte au feu.

Bien sûr, ralentir n'est pas très à la mode dans notre monde speed. Le terme est souvent associé à la procrastination, qualifiée de maladie sociale. Observez le nombre d'articles, de livres – et de coachs malins – qui nous proposent d'en finir avec l'habitude de procrastiner censée gêner notre productivité chronométrée. Or on sait désormais que remettre au lendemain peut permettre de laisser travailler sa créativité jusqu'à maturation[11]… et donc de trouver de bons arguments pour faire vraiment avancer les débats. Oui, décidément, il est urgent de… ralentir ! Sans complexe. Le *slow-talk*, c'est faire vivre le débat à une époque où tout semble prioritaire ; nous voulons ralentir pour réfléchir plus finement. Nous voulons aussi choisir quand entrer dans le débat, choisir quand rester silencieux, choisir ses débats, et reprendre au moins le contrôle des mots du débat.

Certes, le politique – c'est l'une de ses fonctions – a le pouvoir de nommer ; il choisit les termes qui lancent le débat parmi les lexiques disponibles, le plus souvent, d'ailleurs, dans le lexique économique. Il choisit ses formules avec soin, pour justement ne pas être pris au mot et pouvoir jouer sur les mots à sa guise à l'époque des promesses jamais tenues. Mais pour ralentir ses ardeurs manipulatrices[12], nous pouvons questionner le vocabulaire qu'il tente de nous imposer. Les citoyens ont ce droit. Et qu'on ne vienne pas nous dire qu'on va « faire de la pédagogie » pour que nous saisissions mieux le concept de com', l'élément de langage érigé en mot d'ordre (ça, c'est de l'arrogance, nous en reparlerons). Laissons simplement aux citoyens le temps de choisir les mots qu'ils considèrent comme adaptés à la situation.

On l'a vu, la nuance vise à la vérité des mots, à leur précision ; ce processus de recherche n'est pas instantané. Mais il est essentiel. Comme l'écrit l'experte en droit européen Anne-Cécile Robert[13] : « Le pouvoir de nommer n'est pas un attribut monarchique unilatéral conférant à l'autorité publique un pouvoir de reconnaissance arbitraire. C'est au nom de la collectivité et sous son contrôle qu'on désigne les choses et les faits. Or la collectivité ne peut exprimer de vérité sans admettre le débat et les contradictions de point de vue. »

Prendre le temps, c'est aussi prendre celui de se renseigner, de vérifier les argumentaires des uns et des autres. Voir ce qui est du réel et ce qui n'en est pas. N'oublions pas que la nuance, ce n'est pas se situer entre le vrai et le faux ! La nuance va toujours du côté du vrai, le plus près possible de la vérité, qui est justement complexe, multiréférentielle, faite de plusieurs couches – comme l'écrit Etienne Klein dans *Le Goût du vrai*.

Epanouie dans ce débat ralenti, ce *slow-talk*, la nuance nous permet de réfléchir dans les interstices, les entre-deux, les transitions. On n'est plus dans le « tout

tout de suite » radical. Après tout, même les activistes de l'urgence climatique acceptent qu'il y ait une transition vers plus d'écologie.

On l'a vu, la nuance s'assimile bien souvent à un passage ; passage d'une couleur à une autre, d'un accord à un autre, une articulation douce d'un état à un autre. La transition est de loin préférable à la disruption devenue reine, à la révolution brutale, à la réforme passée en force lors d'un débat de nuit à l'Assemblée.

Autrement dit : nous autres, citoyens, réclamons un peu de courtoisie. Voyez comme on nous traite. Renverser la table, ça ne se fait pas, et on peut faire bouger les lignes en douceur (ou du moins avec élégance comme au rugby, où certes on percute souvent, mais où on sait aussi se faufiler en s'appuyant sur l'équipe...). Nous réclamons un changement de point de vue en adoptant celui de la transition par étapes, par glissements progressifs ; on installe, à l'articulation entre deux états, des initiatives de petite taille qui font « un peu bouger les choses » et se prêtent plus facilement à la discussion. Et cela force aussi le pouvoir à dévoiler ses intentions à long terme, à poser d'emblée une vision claire, plutôt que d'afficher un volontarisme arrogant…

La nuance face à l'arrogance politique

Vous vous souvenez sans doute de l'intervention télévisée[14] délectable du député de Paris Gilles Legendre, alors président du groupe LREM à l'Assemblée nationale, reconnaissant du bout des lèvres les « erreurs » des débuts du quinquennat.

« Souvent on nous reproche d'avoir trop fait trop vite. Je n'accepte pas ce reproche », déclare-t-il d'abord, comme en écho à cette civilisation de l'urgence dans lequel le macronisme impatient se situe. Puis il reconnaît « deux erreurs » : « Je pense que nous avons insuffisamment expliqué ce que nous faisons. […] Deuxième erreur, dont nous portons tous la responsabilité – moi y compris, je ne me pose pas en censeur : c'est le fait d'avoir probablement été trop intelligents, trop subtils, trop techniques dans les mesures de pouvoir d'achat. »

Trop intelligents…

Mettons cela sur le compte de l'amateurisme politique, revendiqué d'ailleurs par le chef de l'Etat lui-même[15]. Reste que ce genre de déclaration est un bel exemple d'arrogance politique du « nouveau monde » ; celui de la « pensée complexe » macronienne, trop intelligente pour être comprise par les masses, mais qui permet de trancher sans nuances, dans tous les sens, sous couvert d'un « en même temps » bien commode.

L'arrogance est profondément ancrée dans notre culture et notre inconscient collectif[16] (après tout, notre emblème est le coq gaulois, l'animal qui prétend faire se lever le soleil, les deux pattes dans le fumier). Bien sûr, les Français n'en ont pas le monopole. Nos voisins britanniques, leur empire, leur City, Margaret Thatcher, Boris Johnson et leur Brexit apparaissent tout aussi arrogants. Naguère, les Espagnols furent taxés du même penchant funeste. Trois pays, trois empires coloniaux. Il y a à dire, là-dessus[17].

Pour notre propos, reprenons la définition qu'en donne Roland Barthes. Dans son cours au Collège de France, le 20 mai 1978, il déclare : « Je réunis sous le nom d'arrogance tous les "gestes" (de parole) qui constituent des discours d'intimidation, de sujétion, d'assertion, de superbe : qui se placent sous l'autorité, la garantie d'une vérité dogmatique, ou d'une demande qui ne pense pas, ne conçoit pas le désir de l'autre. » L'arrogance est ennemie de la nuance parce qu'elle conduit à ne pas écouter celui avec qui l'on prétend dialoguer. Elle est une tueuse de conversation.

L'arrogant s'arroge, c'est même à cela qu'on le reconnaît ; il s'approprie ; il se considère comme propriétaire de lui et des autres ; il décide ou s'affranchit des règles et des lois ; il est le maître des horloges ; il prend la parole… tout entière.

D'où vient l'arrogance[18] ? Historiquement, elle est liée à la structure de classes, au sentiment de supériorité sociale ou même raciale (la colonisation). Aujourd'hui, elle prolifère parce que la concurrence, exacerbée par des années de néolibéralisme, a favorisé et suscité en réaction des comportements violents, le mépris, l'accaparement, l'affranchissement des règles. Avec l'arrivée d'Emmanuel Macron à l'Elysée, s'appuyant sur la toute-puissance de Bercy et d'ex-technocrates ayant pantouflé, on a vu le retour de l'arrogance sous sa version giscardienne (après l'arrogance cynique des socialistes madrés) ; renforcée par l'arrogance technologique de « la start-up nation », alliée enthousiaste de la macronie.

Rappelons-nous le discours du 29 juin 2017. Le président inaugure ce jour-là la Station F, plus vaste incubateur au monde, installé dans d'anciens locaux techniques de la gare d'Austerlitz. Il s'adresse aux jeunes rassemblés dans cette pépinière de licornes (si l'on peut dire...) en ces termes : « Ne croyez pas que si demain vous réussissez vos investissements ou votre start-up la chose est faite, non, parce que vous aurez appris dans une gare ; et une gare c'est un lieu où l'on croise les gens qui réussissent et les gens qui ne sont rien. » Oui, bien sûr, cette phrase ne veut pas dire grand-chose, mais les mal pensants de l'ancien monde ont surtout retenu sa chute : ces « gens qui ne sont rien ».

Le mouvement des « Gilets jaunes » fut une réaction massive de ces « gens » à cette culture du mépris ; on qualifia le PR de « petit roi », « petit prince » ; marquant par là que le peuple avait compris qu'il était renvoyé à son statut de tiers état, de « populace », de foule-enfant. Christiane

Taubira remarquait à l'époque que, si le président aimait le peuple, il l'aimait avec « hauteur et condescendance[19] ».

Emmanuel Macron ne déploie pas son arrogance seulement face au peuple, il la démontre aussi face à ses représentants. Rappelons-nous en 2019 ses efforts pour imposer Sylvie Goulard comme commissaire européenne, au mépris de ce que le Parlement européen pouvait en penser. Il la désigne comme candidate obligée, malgré ses dossiers discutables, car il estime que sa caution jupitérienne suffit à lui donner le crédit que ses « affaires » lui ont retiré.

Sans vouloir faire d'Emmanuel Macron l'unique représentant de l'arrogance politique, reconnaissons que la première partie de son mandat a formidablement illustré cette culture-là. L'Etat néolibéral du « nouveau monde » est apparu comme intrinsèquement paternaliste et infantilisant ; les sujets y sont comme des enfants, comme avant la Révolution ; au mieux, on les « responsabilise » pour qu'ils acceptent de faire des efforts… dans le sens souhaité. Cet Etat sait ce qui est bon pour les marchés, donc pour le peuple ; il sait les réformes que le peuple doit accepter même si on doit les faire passer en force. Il rejette l'idée qu'il puisse exister une intelligence collective des citoyens ; grand débat national et convention citoyenne, gadgets de communication, sont restés lettres mortes ; il considère que seule compte l'intelligence d'une élite.

En clair, l'arrogant, qui ne « conçoit par le désir de l'autre », comme dit Roland Barthes, s'arroge en imposant ses décisions, quitte à manipuler les débats, ou organiser de fausses consultations citoyennes. Dans un débat il « en impose », pour de mystérieuses raisons tenant au pouvoir qu'on lui donne ou à la compétence qu'il affiche (ou même prétend détenir). L'arrogant n'écoute pas, il sait ; et il juge vite, pas question de retenir son jugement, comme Montaigne le préconise. L'arrogant ne regarde pas, il connaît déjà. L'arrogant méprise ; il ne voit que des médiocres (son qualificatif favori) autour de lui.

Du véritable arrogant, les psychologues assurent qu'il souffre d'une « pathologie du narcissisme alliant artifice et violence[20] ». Dans les conversations et les débats, il faut bien écouter l'arrogant pour essayer de prédire le moment où il dira « évidemment » avant d'émettre son opinion tranchée. L'arrogance politique est une fabrique de propositions présentées comme des évidences. L'adverbe « évidemment » est un marqueur. Dans une réunion de travail, il est souvent utilisé par le mâle alpha, le *mansplaining expert*, celui qui va expliquer au groupe, et surtout aux femmes présentes, ce qu'il faut penser. L'arrogant est pétri de certitudes – qui ne le sont que pour lui et pour son cercle –, nécessaires pour tenir son rang dans un monde complexe. Pas de doute. Il sait.

La nuance par le questionnement ironique

Une fois l'arrogance triomphante repérée et décodée, comment se comporter face à elle ? Après avoir beaucoup étudié la question et fréquenté de nombreux arrogants en débat (ou dans ma profession...), je pense qu'il ne sert à rien de prendre l'arrogant de front. Jouer l'arrogance contre l'arrogance, c'est transformer les échanges en ces combats de cerfs où les bois s'entrechoquent absurdement jusqu'à les immobiliser.

La règle d'or est de lâcher des rafales de questions, demander des détails, des sources, des références, des mesures ; sans relâche. L'arrogant polissant ses opinions pour les faire briller finira bien par glisser dessus ! Il suffit de l'assister en le poussant à la faute ; d'une pichenette ; d'un « non » bien placé. Observez les dégâts qu'un chiffre exact peut faire dans un tel échange… surtout si l'arrogant vous a conseillé de « revoir vos chiffres » et que vous l'avez fait, à ses dépens !

N'hésitez pas non plus à vous moquer de l'arrogant, confit dans son esprit de sérieux. Un simple sourire suffit, mais un sourire en continu. Montrez que vous ne le prenez pas au sérieux, sans faiblir. Retrouvez les réflexes de vos années d'élève moqueur, puisque bien souvent les arrogants veulent « nous expliquer », « faire de la pédagogie ». Moquez-vous du donneur de leçons ; rappelez-vous le dicton ironique : « Quand un milliardaire fait la morale à un chômeur, c'est de la pédagogie, quand le chômeur critique le milliardaire, c'est de la démagogie ! » N'acceptez aucun argument d'autorité infondé ; en souriant, questionnez ses assertions, ses évidences ; mais avec humour ; ne vous prenez surtout pas au sérieux.

N'oubliez pas que l'arrogance classique à la française (technocrate, banquier d'affaires, mandarin...), qui camoufle son mépris sous des dehors de courtoisie hypocrite, est finalement assez fragile ; elle aveugle souvent ses thuriféraires. Manque de recul, trop haute opinion de lui-même, l'arrogant ne voit même pas quand nous nous moquons de lui, nous, les humbles, les modestes... profitons-en. Le public, lui, le verra.

Enfin, n'oublions pas que le réel se charge parfois de donner des leçons à l'arrogant. Etienne Klein, commentant l'évolution des controverses et des polémiques au fil des mois de la pandémie, remarque[21] : « L'arrogance des uns et des autres a progressivement baissé d'un ton. C'est la manifestation de l'effet dit "Dunning-Kruger" (pour mesurer son incompétence, il faut être... compétent ; l'ignorance rend plus sûr de soi que la connaissance). Durant la pandémie, nous avons vu se déployer la dynamique typique de cet effet : à mesure que nous nous sommes informés, nous avons fini par comprendre que l'affaire était plus complexe que nous ne l'avions soupçonné. Aujourd'hui, (presque) tout le monde a saisi que cette pandémie est une affaire diablement compliquée. Du coup, l'arrogance se porte un peu moins bien qu'il y a quelques mois, sauf dans les réseaux spécialement dessinés pour lui prêter main-forte. »

La nuance face à la violence radicale

« J'ai de la reconnaissance pour les esprits excessifs, écrit Georges Picard[22] avec ironie. Grâce à eux m'apparaissent des points de vue extrêmes que ma modération naturelle m'aurait tenus cachés. En fait il se peut même que cette modération s'alimente aux excès d'autrui. J'ai besoin de ces excès pour parcourir le réel entre ses différents points cardinaux. »

La machine médiatique survalorise la radicalité et ses propos outranciers ; ils sont spectaculaires et captent l'attention. La journaliste et femme de lettres Leïla Slimani[23] regrette cette « culture du clash » où chacun devient l'« otage de la polémique » ; « Il y a un grand confort dans la radicalité. C'est comme si la personne radicale était engagée, et si vous êtes nuancé on dit que vous êtes lisse, lâche, politiquement correct. C'est plus facile de s'indigner que de penser. » Il y a en effet sur nos scènes médiatiques ce qu'on pourrait appeler une prime à la radicalité. Les radicaux sont de « bons clients » ; qu'ils soient Gilets jaunes ou intellectuels affichant ce qu'on appelait naguère le « chic radical », cette caricature dénoncée par Tom Wolfe en juin 1970 sous le vocable de « gauchisme de Park Avenue » dans un article pour le *New York Magazine*[24].

Dans cette surenchère de radicalité, le contradicteur devient l'adversaire et l'adversaire devient l'ennemi ; le débat se tend à l'extrême ; il devient irrespirable. La mécanique de la conversation se retrouve au point mort, grippée. Comment débattre avec ceux qui en rajoutent toujours et encore dans l'excès, l'injure, l'exclusion au nom d'une « vérité » (d'une évidence en version « arrogants ») indiscutable au sens premier du mot ?

En novembre 1946 déjà, dans un texte intitulé « Le siècle de la peur », Camus écrivait : « Le long dialogue des hommes vient de s'arrêter » et, plus loin : « Nous vivons dans la terreur [...] parce que nous vivons dans le monde de l'abstraction, celui des bureaux et des machines, des idées absolues et des messianismes sans nuances. Nous étouffons parmi les gens qui pensent avoir absolument raison, que ce soit dans leurs machines ou dans leurs idées. »[25]

Ne pensons pas que la situation décrite par Camus ne concernait que les idéologies de son époque. Eric-Jean Garcia, professeur à Sciences Po, trouve dans l'arène contemporaine des caractéristiques très comparables[26] : « Le regain d'intérêt pour l'usage du mot "idéologie" coïncide avec le développement d'Internet et l'essor de l'industrie du débat contradictoire [...] La surproduction d'idées et d'opinions engendrée par ces nouveaux canaux privilégie les prises de position radicales et augmente sérieusement la visibilité des mouvements de pensée marginaux. A la médiation des points de vue, on préfère d'emblée la confrontation des convictions. De fait, la place pour la pondération et les vérités nuancées semble se réduire inexorablement. »

La radicalité simplifie ; même si elle est fondée sur une idéologie complexe ; elle tend, pour être efficace, à ramener son message à quelques traits fortement soulignés, et si elle ne simplifie pas assez, le système médiatique la pousse à se caricaturer.

La radicalité refuse qu'on ne soit pas totalement de son côté ; elle ne supporte pas le moindre amendement à son message. Si l'interlocuteur ne dit pas comme elle, la radicalité le rejette totalement, le repousse à l'autre extrême. Si tu n'es pas anticapitaliste, tu es fasciste. On connaît le mécanisme.

En juillet 2020, un blogueur publiant sur *Mediapart*, peu suspect de tiédeur, poussait un cri d'alarme intitulé « Eloge de la nuance ou l'absurdité de la pensée radicale ». Lucien Cavelier, psychologue, écrivait dans un texte d'une totale sincérité : « La nuance n'empêche pas la lutte sociale, idéologique, intellectuelle ! La nuance permet la crédibilité du discours et le débat audible ! Tout remettre en cause sans limites, c'est donner libre cours à notre cerveau émotionnel quitte à en perdre la raison. » Condamnant les attitudes extrémistes ou complotistes, il donnait quelques exemples, dont celui-ci : « Dire que nous ne sommes pas en dictature n'est pas une légitimation de ce gouvernement ! Cela ne nous empêche pas, avec des faits, d'affirmer que nous sommes dans un Etat policier ! » Avant de conclure : « Il est plus facile de tomber dans la radicalité que dans la pensée nuancée et réfléchie ! Pourtant, la nuance n'empêche pas la colère ! Pas moins la lutte ! Nuancer n'est pas cautionner ! »

Mais de quelle violence parle-t-on dans les débats ? Après tout, pourrait-on dire, il n'y a pas d'agressions physiques sur les plateaux ou dans les hémicycles. Pourtant, devant Zemmour suant la haine en parlant des migrants mineurs ou Jean-Luc Mélenchon gueulant qu'il est la République, on peut ressentir le même malaise que devant une rixe. Même sentiment quand Juan Branco évoque les tribunaux d'exception pour les riches et quand Geoffroy de Lagasnerie professe la négation de ceux qui ne pensent pas comme lui. Les plateaux des *Grandes Gueules* de RMC, de *L'Heure des pros* sur CNews, ou du rendez-vous de mi-journée d'André Bercoff sur Sud Radio, peuvent parfois dégouliner de propos haineux et de rejet de l'autre.

Cette violence radicale là est l'expression outrancière d'une pensée minoritaire condamnant absolument des pans entiers de la société.

Prenons le cas d'un radical emblématique, Geoffroy de Lagasnerie, universitaire, professeur de sociologie et philosophie. Il s'appuie sur ce qui est, selon ses propres mots, « juste et pur », pour constater que puisque nous vivons dans le chaos il faut remettre en cause des pans entiers de ce que l'on considère généralement comme l'espace démocratique.

Geoffroy de Lagasnerie déclare ainsi, un matin sur France Inter[27] : « Dans un monde d'antagonisme, de la violence il y en a toujours. Quand vous vous définissez comme non violent vous laissez à l'Etat, c'est-à-dire aux gouvernants, le monopole de la violence sur vous [...] De ce point de vue là, pour moi la violence n'est pas du tout un problème intellectuel, en vérité [...] ça obsède les gouvernants et le mouvement social de manière trop puissante. [L'usage de la violence] est stratégique. » Quand un auditeur le juge intolérant, Geoffroy de Lagasnerie acquiesce sans hésitation : « Le but de la gauche, c'est de produire des fractures, des gens intolérables et des débats intolérables dans le monde social. »

Notons que l'avocat Juan Branco, sur un créneau connexe, va plus loin dans l'appel à la révolution sanglante. Ecoutons-le souhaiter, au micro de Sud Radio[28], que « l'on sorte les fourches » contre ceux qui ont « capté le pouvoir », sans légitimité, selon lui. Ce juriste de bonne famille (caricature du radical chic évoqué plus haut) propose « un programme révolutionnaire, incluant la création de tribunaux d'exception et la mise à bas des coteries qui gouvernent le pays. Une véritable bascule pour permettre à la France de se libérer des forces nocives, et à son peuple de recouvrer sa souveraineté ».

Mais revenons à l'interview emblématique de Geoffroy de Lagasnerie ; il y explique sa conception du débat : « Je suis contre le paradigme de la discussion. Je trouve que nous perdons notre temps lorsque nous allons dans des chaînes d'info débattre avec des gens qui sont de toute façon inconvaincables et que nous ratifions la possibilité qu'ils fassent partie de l'espace du débat. Je pense que la politique est de l'ordre de l'antagonisme. Et de la lutte, et je l'assume totalement. »

Comment, alors, cohabiter avec d'autres opinions ? La vision de ce professeur en radicalité est claire : « Il faut reproduire un certain nombre de censures, en vérité, dans l'espace public, pour rétablir un espace où les opinions justes prennent le pouvoir sur les opinions injustes. Je suis favorable à une forme de mépris que la gauche doit avoir pour les opinions de droite. Il faut arrêter de toujours réagir. [...] ce serait beaucoup plus important pour la gauche de reconquérir une forme d'autonomie de sa pensée, de ses pratiques, de se débarrasser de la soumission à l'agenda que veulent faire passer la droite et l'extrême droite. »

Et de faire la différence entre ceux qui se reconnaissent dans ce qu'il dit (« nous ») et tous les autres. Il ne parle qu'à un seul public, le « nous », qu'il essaye d'étendre. « Il faut conserver une autonomie des publics et des cercles d'adresse. » En clair : ne parler qu'à sa bulle, qu'on essaye d'étendre – par des associations avec le comité Adama, par exemple –, et mépriser les autres ; les exclure.

Cantonné dans sa bulle, il redessine le monde et décide de ce qui est « juste et pur ». On se souvient ainsi de ce qui se passa en 2014 lorsqu'il s'en prit, en tandem avec Edouard Louis[29] à l'invitation de Marcel Gauchet, aux Rencontres de Blois et monta une polémique autour du rédacteur en chef de la revue *Le Débat*, classé quasiment par eux à l'extrême droite. Donc infréquentable, puisque c'est de cela qu'il s'agit : exclure un certain nombre d'intellectuels du champ de ceux qui ont le droit de prendre la parole.

Cette « affaire », certes microcosmique, joua sans doute un petit rôle six années plus tard, quand Pierre Nora et Marcel Gauchet décidèrent d'interrompre la parution du *Débat*[30]. Marcel Gauchet déclarait alors au *Monde* : « Nous sommes de la vieille gauche républicaine et universaliste, mais le mot "républicain" vous classe désormais à droite. » Pierre Nora dénonçait, lui, un « gauchissement de l'idéologie radicale [...] La radicalité est devenue un trait majeur. Les sensibilités des communautés et des minorités imposent leurs revendications[31] ».

Pour nuancer un peu, observons quand même que la radicalité d'un Geoffroy de Lagasnerie, très articulée, peut paraître séduisante. Qui n'a rêvé de ne se retrouver qu'avec des gens de son avis, sa bande, sa tribu, sa communauté (religieuse ?). Certes, ses appels à « l'action directe » pourront faire froid dans le dos à ceux qui ont vu dans les années 1970-1980 les dérives meurtrières de cette stratégie-là, mais le discours qui la sous-tend peut plaire à certains. Après tout, les luttes que soutient le sociologue sont généreuses : l'accueil de l'étranger, le soutien aux plus pauvres, autant de thèmes universels (et chrétiens depuis les origines).

De même, ses appels à ne pas se laisser entraîner sur les terrains des adversaires, à reprendre le contrôle de l'agenda, ressortent de la pure stratégie politique. Comme il serait tentant en effet de prendre au mot cette suggestion de ne plus débattre avec les extrémistes de droite ! Ou de gauche… ! Cela ne produit rien de toute façon, puisque chacun se polarise davantage. Sauf qu'on en revient alors à laisser les extrêmes bavarder entre eux sur leurs plateformes fétiches (CNews ou Sud Radio à droite, Là-bas si j'y suis ou Mediapart à gauche, etc.) ; c'est à l'opposé de l'idée de débat démocratique. Il vaut mieux sans doute chercher à recentrer les conversations en y intégrant systématiquement des intervenants nuancés ; et s'il faut y intégrer des idées extrémistes et violentes, les faire exposer et analyser par des experts qui étudient les radicalités, plutôt que par des militants par trop intolérants. Ces derniers, encore une fois, apportent sur les plateaux un niveau de violence incompatible avec un véritable échange.

Modérer les émotions

Face à ce qu'il appelle « la brutalisation du débat public » Frédéric Potier[32], l'ancien délégué à la lutte contre le racisme, l'antisémitisme et la haine anti-LGBT, reconnaît : « Les signalements de la Dilcrah auprès du procureur de la République – une vingtaine cette année [2020], portant par exemple sur un compte anonyme particulièrement actif, un message, les propos d'Eric Zemmour sur CNews, d'Alain Soral ou de Dieudonné – donnent lieu à des condamnations. Mais cela reste insuffisant. »

Il sait la puissance des plateformes : « Il faut de nouveaux outils. Twitter, par exemple, est un trou noir. [Les grands réseaux sociaux] ont leurs propres règles, parfois supra légales, sans que personne ait son mot à dire sur leur éventuelle dangerosité, leur caractère discriminatoire. Ils décident unilatéralement. On en revient à l'urgence de poser un cadre afin de sortir de l'opacité et de l'arbitraire. Nous devons imposer des obligations de modération et de transparence. »

Comment améliorer ces débats en ligne ? Quelques experts américains en « conversation numérique » proposent de créer de nouveaux réseaux sociaux spécialisés dans l'échange politique constructif. Comme LinkedIn pour les carrières et la vie professionnelle ou Pinterest pour les hobbies. Ces nouvelles plateformes regrouperaient les 5 ou 10 % de la population véritablement intéressés par la vie politique sous l'angle des solutions aux problèmes de société. Cela revient à recréer des forums de discussion classiques et raisonnables. Les statuts des intervenants y dépendraient de leur capacité à proposer des solutions envisageables ou raisonnables[33].

Quant à la modération… Notons d'abord que nous nous sommes habitués à ce changement de sens anglicisé du mot « modération ». Du partage d'opinions modérées, on est passé à la régulation d'un flux de commentaires rageurs, d'opinions excessives. La modération d'un débat, au fond, n'est rien d'autre que favoriser l'instauration d'un véritable dialogue.

Mais comment modérer un échange fondé sur l'émotion ? En s'efforçant dans chaque débat de distinguer entre ce qui relève du *pathos* et ce qui relève du *logos*. L'indignation scandalisée, l'émotion mise en scène d'un côté ; les faits et arguments réfléchis de l'autre. Le *slow-talk* dont je parlais plus haut permet cela aussi ; on observe ce qui se dit, et on trie. La distinction et le discernement sont des clés de la nuance.

Qu'on me permette ici un souvenir personnel ; presque une confession. Lorsqu'en 2010 parut *Indignez-vous !*, l'opuscule de Stéphane Hessel, je fus l'un des premiers à en parler, dans ma petite chronique du *Monde Magazine*. Il s'agissait d'une colonne d'humeur, intitulée *Ça m'énerve* (titre que je changeai plus tard en *Les Trois Coups*) ; j'y partageais mes points de vue, mes opinions, mes coups de gueule (plutôt raisonnables) et mes coups de cœur (plutôt consensuels). J'étais à l'époque passablement énervé en effet pas le sarkozysme hystérique, comme par l'arrogance de la finance (qu'on venait de sauver de la crise de 2008… par elle provoquée !).

Autant dire que j'étais mûr pour recevoir le court pamphlet d'Hessel – même si son chapitre sur le Proche-Orient me dérangeait beaucoup. J'en fis une mini-recension enthousiaste. Bien sûr, l'appel à l'indignation plutôt qu'à la réflexion, sous couvert de nouvelle résistance, me semblait un peu rapide. N'empêche, l'air du temps en ce qui me concernait était à l'agacement, au coup de sang…

Puis il se passa ce que l'on sait en 2011. Tandis que le Printemps arabe explosait, *Indignez-vous !*, traduit en trente-quatre langues, dépassait les quatre millions d'exemplaires, les Indignados manifestaient en Espagne, les Indignés ailleurs, #OccupyWallStreet prenait le relais à l'automne. Le sit-in redevenait une forme de contestation moderne. La radicalité revenait en force.

Qu'en reste-t-il aujourd'hui ? Une condamnation sans appel des inégalités sociales et des politiques néolibérales ; une habitude installée de relayer en direct les manifestations sur les réseaux sociaux ; une exacerbation de la polarisation des débats fondée sur les émotions instantanées.

Tout cela préparait Nuit Debout, où se déployèrent en outre (et dans le sillage de l'indignation) les premiers excès de la *cancel culture*. Car, sur la place de la République, on vit surtout des gens du même avis débattre entre eux et quelques groupes de parole « en non-mixité ». Est-ce là vraiment du dialogue ?

Dix ans après les événements de 2011, qu'en est-il du dialogue, justement ? Est-il encore possible alors que l'émotion envahit tout ? Le philosophe Pierre-Henri Tavoillot[34], dans son ouvrage sur les méfaits du « moralement correct », met en avant a contrario « le dialogue, l'argumentation, la délibération » comme « seul fondement possible de la morale ». Tout en reconnaissant les limites de cette voie : « Ce n'est pas une solution miracle, on peut discuter très longtemps entre vous et moi et ne pas se mettre d'accord. Le désaccord peut exister. Simplement, grâce au dialogue, on a quelque chose de commun. »

Mais se mettre d'accord sur quoi ? Est-ce encore possible ? Pierre-Henri

Tavoillot répond : « On se dit ensemble implicitement que je préfère débattre plutôt que de me battre avec vous, donc cet élément commun c'est ce qu'il y a de plus précieux. On se met à la place de l'autre pour se dire : “Tiens, qu'est-ce que l'autre pense ? Est-ce qu'il est vraiment aussi bête qu'il en a l'air ou est-ce que ses arguments ont peut-être un intérêt ?” C'est ça l'intérêt du dialogue : ce n'est pas une solution miracle, mais on n'a plus que ça sous la main, donc il faut en profiter. »

Pour en tirer profit cependant, il vaut mieux être convaincu des vertus de la modération, dans son sens classique cette fois, celui célébré par Montaigne. Pour donner sa chance à l'échange honnête et non caricatural. Il ne reste plus aux modérés qu'à s'impliquer davantage dans le débat public, comme le suggère Etienne Klein[35] : « Le salut consisterait à faire en sorte que les gens modérés s'engagent dans les débats sans modération. Il faut que la modération s'exprime de façon immodérée ; sinon ceux qui ont des discours polarisants, tranchés, vont s'imposer et ça empêchera le débat. Un débat c'est tout le contraire d'une guerre de tranchées. »

Cette idée de mobilisation des modérés (sans créer un parti pour autant…) est tout à fait séduisante. Pour mener l'insurrection intellectuelle que j'évoquais plus haut, il faut bien, à un moment, sortir du statut confortable d'observateur raisonnable. Et prendre le taureau de la radicalité par les cornes, même si cela est mal vu, surtout si cette radicalité se teinte de moralisme.

La nuance face à l'offense

Au début – au tout début – cela me faisait sourire. Chroniquant pour *Le Monde*[36] la vie des mots et des expressions, j'avais remarqué, dans le langage jeune, certains participes passés – venant du passé –, comme « abusé » (« Incendier une maternelle, c'est abusé », commentait un collégien, réaliste) ou « blasé » (« J'suis blasé d'la life », martelait Booba). Un autre terme m'amusait par son exagération : « J'suis trop choqué, là. » Ce mot revenait sans cesse sur les réseaux sociaux et dans les conversations adolescentes.

Pour moi, « choqué » renvoyait à une attitude de bourgeois des années 1960 et 1970 que de jeunes chevelus s'amusaient à provoquer, par leurs tenues ou leurs musiques ; temps anciens, autres mœurs. De mon point de vue de « boomer », il me semblait que plus rien ne devait plus choquer qui que ce soit, en ce début de XXIe siècle. Le 11 Septembre nous avait abasourdis. Les attentats nous laissaient stupéfaits. Mais qui pouvait dire que tel mot ou telle attitude étaient de nature à choquer, à froisser, à offenser ? Pourtant je voyais bien que ces mots revenaient en force. En un étrange retournement, ce n'étaient plus les vieux schnocks mais les jeunes qui se retrouvaient offensés, blessés.

Autre retour vers le futur : ayant commencé ma vie journalistique à *Libération*, j'y avais entendu dans diverses réunions l'avertissement : « Ah non, tu ne peux pas dire ça… », sentence terrible qui clôt toute possibilité de débattre. Plus tard, ailleurs, j'ai régulièrement été confronté à ces « Nooon, tu ne peux pas dire ça » venant des tenants de la pureté idéologique ou du politiquement correct dans sa version XXe siècle. En général, on me lançait cette phrase après un délit d'ironie[37] un peu lourd ; je répondais que si, je pouvais dire ça, et même le répéter ; on se disait que j'étais vraiment indécrottable ; puis on passait à autre chose.

Mais ça, c'était avant.

Aujourd'hui, les mots se sont alourdis. Ils disent notre camp, puisque nous sommes en permanence face à la sommation de le choisir ; et si possible le camp du bien. « Tu ne peux pas dire ça », sinon tu es, au choix, raciste, homophobe, islamophobe, transphobe, ou grossophobe. Et je ne parle même pas de tenter le second degré, qui apparaît désormais comme une manière détournée de faire de l'humour discriminatoire.

Comme beaucoup, j'ai été interpellé – choqué, pour le coup – par l'affaire de l'université Evergreen, dans l'Etat de Washington, où en 2017 la *cancel culture* est devenue folle au point de pousser à la démission un professeur, Bret Weinstein. Ce biologiste, après divers écarts malpensants, n'avait pas voulu se plier à un appel pour une journée sans Blancs sur le campus.

En décembre 2020, il revenait[38] sur son affaire et analysait ce que la *cancel culture* et le *woke* peuvent produire s'ils sont laissés sans freins. Il remarquait notamment : « Ce mouvement est très naïf, car il a décidé que les réponses étaient très simples. Il veut tout recommencer à partir d'une page blanche. Un scénario qui nous emmènerait presque inéluctablement vers un désastre. Malheureusement, le mouvement *woke* regarde toute personne qui pense ainsi comme un simple réformateur, c'est-à-dire quelqu'un qui ne fait que changer les choses à la marge. C'est l'échec chronique de ce mouvement que de tout simplifier. Aucune nuance n'est possible. »

Tirant la sonnette d'alarme, comme beaucoup d'autres, le professeur américain mettait en garde en ces termes : « La bêtise de la vision *woke* est évidente. Mais le caractère contagieux de la stratégie est spectaculaire. Et c'est là le problème. Les gens ne prennent pas ces mouvements au sérieux parce qu'ils sont ridicules. Mais quand ils s'y retrouvent confrontés, ils n'ont plus qu'un choix : soit se soumettre, soit être détruits. »

Pourtant, comme il est tentant de ne pas prendre au sérieux ces injonctions, ces sommations, qui concernent des groupes de plus en plus morcelés ! Elles sont si exagérées pour nombre d'entre elles, elles s'assimilent tellement à de la censure pure et simple qu'on pourrait simplement hausser les épaules et passer son chemin. Après tout, les excès de pureté idéologique des « offensés » de tout poil ne concernent qu'eux. Après tout, nous autres boomers avons observé les excès des gardes rouges de Mao ou des Khmers rouges de Pol Pot, qui nous ont vaccinés contre tous ceux qui revendiquent la pureté absolue.

Comme pour tout mouvement extrémiste, il est fort probable qu'au bout d'un moment celui-là va connaître des scissions, des batailles internes, des excommunications qui vont l'affaiblir. D'ailleurs, le mécanisme de l'intersectionnalité lui-même conduit à constituer des sous-groupes de plus en plus étroits… et à un morcellement paralysant. On soupire donc, et on passe à autre chose.

Notons qu'une partie de l'intelligentsia française – de gauche – estime que la *cancel culture* est une construction idéologique des réactionnaires en mal d'ennemis[39], et que le mouvement *woke* n'existe pas.

Je le croyais moi aussi. Jusqu'à ce que je tombe sur un mot qui fut… le mot de trop : silencier. Oui, c'est un verbe ; oui, il existe bien dans la langue française ; au

XIXe siècle il fut même utilisé par de grands auteurs comme Chateaubriand. Mais aujourd'hui il signifie que l'on va intimer le silence à quelqu'un pour ce qu'il est. Donc, au-delà même des mots que l'on ne peut plus prononcer devant certaines catégories de la population, des « ça » qu'on ne peut « pas dire », on va encore plus loin et l'on interdit à quelqu'un de prendre la parole.

Je suis un mâle blanc hétéro, je peux être silencié dans un débat intersectionnel qui ne correspond pas strictement à mes caractéristiques identitaires. De quoi être offensé, si je me considère avant tout comme défendant une saine vision de la tolérance et de l'universalisme, non ? Oui, mais l'universalisme lui-même est considéré comme une déviance de privilégiés.

Cette tentative de contrôler la langue ne date pas d'hier. Aux XIIe et XIIIe siècles, les frères prêcheurs puis les théologiens décidèrent qu'il était urgent de mieux encadrer, contrôler la parole des laïcs, qu'ils soient juristes, marchands ou simples fidèles. Ils établirent donc des listes de « péchés de la langue[40] » comprenant les blasphèmes, les jurons et les mensonges, péchés classiques ; mais aussi les médisances ou les flatteries et autres bavardages, intempestifs à leurs yeux. Instrument de pouvoir, cette codification de ce qu'on pouvait ou ne pouvait pas dire était une formidable machine morale. D'autant que les interdits pouvaient évoluer, se transformer au fil des années…

Interdire les mots, limiter le vocabulaire, tout analyser en termes d'interdit, d'exclusion et de limites, cela va au-delà de ce que l'on a appelé à la fin du siècle dernier « le politiquement correct ». Le philosophe Pierre-Henri Tavoillot théorise à ce propos l'idée du moralement correct[41], qui revient à « tout considérer de manière binaire : gentil, méchant. Ça vaut pour les races, les sexes, les relations internationales, etc. C'est l'extension du domaine de la morale à tous les aspects de l'existence ».

Il prend ainsi l'exemple des nouveaux rapports femmes-hommes. « Le terme va m'être reproché, on va dire que c'est machiste, mais il y a une hystérisation du rapport homme-femme : il ne peut plus y avoir de nuances. Par exemple, l'idée même que les hommes et les femmes puissent s'aimer paraît suspecte, parce qu'on dit que leur seul rapport possible est un rapport de domination. »

Le concept de moralement correct s'applique aussi à d'autres domaines, selon Pierre-Henri Tavoillot : « Quand vous essayez d'apporter un peu de nuance dans des débats, par exemple sur le nucléaire, en disant "Aujourd'hui si l'on veut vraiment lutter contre le réchauffement climatique, peut-être que le nucléaire n'est pas une catastrophe", on apparaît comme étant absolument abject. » Il qualifie ces réactions de posture « purement moralisatrice ; pas morale, mais moralisatrice : on donne des leçons aux autres ».

Ce qui est en cause ici, sans vouloir dramatiser une situation qui reste encore marginale pour beaucoup de nos concitoyens, c'est cette volonté de « redresser », de corriger les attitudes, les comportements et les mots. Jusqu'à vouloir réécrire l'histoire, interdire les vieux livres, faire tomber les statues, etc.

Le sociologue Michel Wieviorka l'analyse ainsi[42] : « Ceux qui, quel que soit le lieu d'où ils parlent, adoptent des positions sans nuances, confondent histoire, mémoire et reconnaissance, et ne veulent voir chez les autres que guerre des races, violences communautaires et conduites de rupture, fonctionnent sur le mode de la prophétie autoréalisatrice. A force de dénaturer le débat et de nous dire qu'il faut choisir entre le chaos et l'autoritarisme, ils préparent le terrain de l'un, ou de l'autre. »

Nous retrouvons là cette violence radicale que j'évoquais plus haut. Puisque nuancer conduit à trouver le mot juste, appelons un chat un chat : lorsque des militantes ou militants s'attaquent à une œuvre qu'ils souhaitent faire disparaître de l'espace public, cela porte un nom : censure (terme que revendique d'ailleurs Geoffroy de Lagasnerie, on l'a vu). Que ce soit une association ultra-catholique ou un collectif féministe exigeant l'interdiction d'un film ou d'une pièce de théâtre, il s'agit bien de censure. Même si ce sont des cas isolés ou (encore) rares, ces situations existent dans l'espace public et créent donc un précédent.

Il est par conséquent important d'en discuter. Une avocate et deux philosophes ont récemment remis ce mot en perspective en le considérant comme un problème politique au sens plein : « Chacun, fort de sa cause, s'autorise à se transformer en censeur, dénonçant publiquement, accusant tel spectacle de tous les maux sur les réseaux sociaux, le recours au juge étant de plus en plus rare parce que, juridiquement, il n'y a rien à reprocher à l'œuvre ou à l'auteur. Ces militant(e)s s'aveuglent à ce que leurs luttes leur font produire exactement ce qu'ils dénoncent : l'invisibilisation. »[43]

Silencier, invisibiliser, effacer : autant de négations de l'autre, de sa parole et de ses droits, *in fine*. C'est sur cette constatation amère que les auteurs de ce texte concluent : « Le refus du débat et du jugement critique, au sens donné à cette expression, au XVIIIe siècle, par Kant, est antidémocratique, puisque la pratique du jugement invite chacun à refuser les ordres secrets et à se forger une opinion dans le but de la soumettre au débat public – fût-ce dans un espace privé – et repose sur le fondement d'une valeur égale des paroles, attachée à une égalité des droits civiques. »

Le « générationisme » à l'épreuve de la nuance

A ce stade, l'adepte de la nuance doit cependant s'interroger honnêtement, contre ses propres intuitions ou ses possibles préjugés. Y a-t-il vraiment une « génération offensée[44] » ? Existe-t-il une « *snowflake generation*[45] », composée de jeunes tous élevés dans la culture de l'enfant exceptionnel, unique, hyperprotégé, qui a toujours raison et est donc hypersensible ?

Et existe-t-il d'ailleurs des générations homogènes qu'on peut traiter comme des cohortes d'individus ayant les mêmes caractéristiques psychologiques ? Génération Z, Millenials… ces groupes, aux frontières floues, sont-ils autre chose que des concepts marketing entretenus par des publicitaires ou des plateformes numériques[46] ? Après tout, la « génération des baby-boomers », devenue « boomers », n'est pas un concept très opérationnel lui non plus, je peux en témoigner ! Puis, quelles que soient les générations concernées, les classes sociales existent encore, qui offrent un puissant outil d'étude de nos sociétés.

Observons néanmoins que le phénomène *woke* est apparu en premier lieu dans les universités outre-Atlantique. Il s'agit donc bien d'un rapport entre des plus jeunes (les étudiants) et des plus âgés (professeurs et administration) ; ensuite, le contexte économique des universités nord-américaines, où l'étudiant est un client, installe des rapports de force entre celui-ci et son professeur vu comme un fournisseur de savoirs ; lui-même employé par une structure vue comme fournisseuse de diplômes. L'étudiant a les droits d'un citoyen bien sûr, mais aussi d'un jeune client qui demande (ou exige) de ne pas être choqué, offensé, déstabilisé... voire même traumatisé (on tombe là dans le registre psychique et clinique) par ce que les professeurs lui transmettent.

Isabelle Hachey, une journaliste québécoise, a enquêté[47] sur une affaire d'expression jugée offensante par des étudiants (« travailler comme des nègres », tirée d'un roman écrit en 1863), qui avait entraîné les excuses de la prestigieuse université McGill. Pour son enquête, elle rencontre Samuel Veissière, anthropologue et professeur au département psychiatrie, qui fait ce constat : « Il y a vraiment de nouvelles croyances culturelles, selon lesquelles les mots et les idées peuvent nous traumatiser. Il ne s'agit pas de porter un jugement moral ; la constatation empirique, c'est qu'effectivement les étudiants sont plus fragiles, ils souffrent beaucoup plus de troubles de santé mentale [...] La montée de cette culture est liée à une génération d'enfants-rois. Leurs parents ont toujours réglé leurs problèmes et ils exigent un peu la même chose des universités. »

Isabelle Hachey résume l'affaire dans la conclusion de sa chronique : « A l'université McGill, vous pouvez vous inscrire à un cours de littérature, vous plaindre de la présence d'un mot dans le premier roman à l'étude, être évalué sur un autre roman, abandonner le cours, vous faire rembourser ET obtenir vos crédits pour le cours abandonné. »

Alors, faut-il en déduire, comme des couvertures d'hebdomadaires pourraient nous y inciter, que le wokisme a gagné et va tout envahir ? Le pire n'est pas certain.

D'abord parce que le phénomène concerne surtout les universités (et encore, pas toutes), quelques écoles – d'art ou de journalisme notamment – et certains Sciences Po, sans en faire non plus des bastions de la *cancel culture*. Simplement, cette façon de voir le monde, cette idéologie, s'y propage à bas bruit.

Ensuite parce que la nuance et la discussion peuvent exister même dans les places fortes de cette nouvelle idéologie.

Revenons à l'ouvrage que Caroline Fourest a consacré à la « *génération offensée* ». Elle y dépeint plusieurs expériences vécues dans des universités américaines, dont la plupart sont assez dures ; mais deux d'entre elles sont encourageantes.

Elle raconte[48] par exemple comment, dans un cours où elle exposait le contexte français post-attentats de 2015, elle fut interrompue par une étudiante la rappelant à l'ordre en ces termes : « Vous ne devriez pas parler du voile. Le voile est un symbole de la culture musulmane et vous êtes une féministe blanche. » Caroline Fourest entame alors une explication où elle fait valoir que pour respecter les cultures il faut d'abord les connaître ; que le voile n'est pas un symbole de la culture musulmane ; que de nombreuses femmes musulmanes ne le portent pas et que d'autres en Algérie comme en Iran se battent pour ne pas le porter ; qu'il existe dans l'islam des interprétations plus ou moins fondamentalistes ; et puis, au nom de quoi cette étudiante pourrait décider qui a le droit d'en parler, alors que c'est un sujet qui concerne le droit des femmes ?

En clair, l'essayiste française argumente pied à pied pour faire valoir son point de vue en s'appuyant sur des faits, des événements, l'histoire… bref, des connaissances plus profondes que juste un slogan ou un mot d'ordre de censeur. Elle décrit le soulagement de la majorité des étudiantes de la classe après sa démonstration.

Un autre exemple a trait au concept de « *safe space* », le lieu où les jeunes victimes peuvent trouver refuge entre soi, et qui est devenu un local des campus où l'on se retrouve entre élèves de la même identité, à l'abri des offenses du monde. Caroline Fourest, lors d'un TD dans une de ces universités, ose déclarer sa classe une « safe space » à l'envers, où chacun pourra s'exprimer sans crainte d'offenser quiconque. Notons qu'elle est perçue comme légitime dans cette proposition du fait de son statut de professeure étrangère invitée. Et, peu à peu, ça marche ; les élèves parlent librement. Elle raconte : « Il suffisait juste de lever la terreur que d'autres élèves avaient instaurée. La curiosité de cette génération, sa soif de débattre, ne demande qu'à s'exprimer. Encore faut-il ne pas laisser des tyrans faire la loi sur les campus. Et soutenir les professeurs qui tiennent bon.[49] »

Les exemples cités ci-dessus concernent l'enseignement supérieur. Après tout, la raison d'être de l'enseignement est d'apprendre. Alors, oui, observer, penser, étudier, c'est prendre le risque d'être bousculé dans ses opinions, de découvrir des faits, y compris des faits historiques avérés, qui vont à l'encontre de nos convictions d'aujourd'hui mais que l'on doit étudier pour veiller à ce qu'ils ne se reproduisent pas. C'est « choquant » mais ce n'est pas grave. Rien de personnel. Dans son « Journal », le philosophe et poète américain du XIXe siècle Ralph Waldo Emerson (d'ailleurs grand admirateur de Montaigne et admiré par Nietzsche) écrivait : « Ne me laissez jamais commettre l'erreur vulgaire de m'imaginer que je suis persécuté dès que je suis contredit. »

Il semble urgent de réinstaurer dans l'enseignement secondaire, comme supérieur, l'étude du débat. La philosophe Monique Canto-Sperber décrit dans son ouvrage *Sauver la liberté d'expression*[50] les avantages de cette nouvelle acclimatation au débat. Elle déclare, dans un entretien sur son ouvrage[51] : « Le plus grand bienfait de la liberté d'expression, c'est de permettre la diversité des opinions, à l'exclusion des opinions délictueuses. Qu'on ait des convictions et qu'on les défende ardemment, bien sûr, mais on ne peut pas priver les autres de la possibilité de penser différemment. Ce n'est pas en faisant taire ses détracteurs que l'on montre la force de ses convictions. Il faut vouloir se confronter à une adversité pour défendre ses propres valeurs. »

Comme Pierre-Henri Tavoillot, elle défend l'importance de débattre face aux censeurs de la parole : « Car c'est là qu'il est possible de discuter et de s'opposer à armes égales. La liberté d'expression ne définit pas seulement le fait de pouvoir parler, elle signifie aussi que celui auquel on s'adresse garde la capacité de répondre, alors que des usages de la parole privent autrui de toute possibilité de répliquer. »

L'université doit bien entendu rester un espace de discussion, de *disputatio*, ouvert et tolérant. Mais d'autres espaces citoyens peuvent se créer pour instaurer des débats apaisés et raisonnables, y compris sur

Internet. Ainsi, une association nommée « le Laboratoire du débat méthodique » a lancé un site étonnant : Wikidebats.fr. Sur le modèle wiki, on peut y discuter de tout par la raison[52], aligner les arguments, les objections, nourrir la discussion pour comprendre calmement les termes d'une dispute. On trouve même, dans ces pages d'une grande sobriété, un débat intitulé « La *cancel culture* est-elle une bonne chose ? ». Ce genre d'initiative montre bien que l'on peut encore sur certains espaces numériques raisonnables discuter de tout entre individus curieux et respectueux des autres.

La nuance face à la défiance

Il est temps à ce stade d'évoquer le grand tout ! Le phénomène social qui semble lier tous les maux du débat évoqués ici : la perte de confiance généralisée dans la parole politique, experte et médiatique. Elle prend de nombreuses formes : méfiance systématique devant les systèmes de décision trop rapides (pourquoi veulent-*ils* aller si vite ? Qu'ont-*ils* à cacher…) ; méfiance systématique devant les arrogants qui nous gouvernent et leurs sbires, commentateurs de tout poil qui alimentent l'emballement médiatique ; méfiance systématique devant la démocratie parlementaire classique, lourde, imparfaite, toujours insatisfaisante, à laquelle les extrémistes préféreraient leur système à eux, totalitaire mais bien « tenu » ; méfiance systématique de… l'autre, enfin, pour les offensés, l'autre qui ne pense pas comme moi, qui ne parle pas comme moi, qu'il faut effacer de mon espace, dont il faut nier l'identité.

Sans oublier les effets des périodes paroxystiques – crises financières ou sanitaires – où la perte de confiance se nourrit de l'inflation d'opinions martelées, d'expertises approximatives, de tourbillons technologiques incompréhensibles et des contradictions du discours politique.

On pourrait accuser, une fois encore, les réseaux sociaux et leurs algorithmes qui amplifient les émotions, puisque la méfiance systématique se traduit dans une large gamme d'émotions ; mais on assiste bien à une progression générale de la défiance depuis le début du XXIe siècle. Et la défiance mine notre capacité à écouter l'autre d'abord, à rester ouvert, et par conséquent à débattre.

Quelle est la différence entre la méfiance et la défiance ? La méfiance est une attitude naturelle, presque innée, devant des phénomènes inconnus ou complexes. Elle a à voir avec le doute, ce doute raisonné qui est à la base de la recherche scientifique. La méfiance peut stimuler la curiosité quand elle pousse à vérifier, à approfondir, à aller voir « derrière ». Elle conduit aussi à la lucidité face aux simplifications qui prolifèrent.

La défiance de son côté est une attitude de méfiance systématique, pour tout et pour tout le monde, qui conduit à un repli sur soi (ou sur sa bulle) et sur ses croyances. La défiance peut finalement se traduire par une sorte d'immaturité rebelle, butée, un conformisme négatif absolu qui fait glisser le défiant… vers le complotisme le plus bas du front.

Que faire ? Il est intéressant de constater tout d'abord que l'Etat est parfaitement conscient du phénomène et cherche depuis des années des moyens de le combattre efficacement. Un chercheur comme Daniel Agacinski, auteur du rapport *Expertise et Démocratie. Faire avec la défiance* et aujourd'hui délégué général à la médiation auprès du Défenseur des droits, témoigne de ces démarches[53] : « J'ai été amené à me pencher sur les manifestations de défiance à l'égard des paroles expertes quand je travaillais à France Stratégie[54], en 2016. Comme beaucoup d'acteurs du champ de l'expertise, nous étions à l'époque pris d'un sentiment diffus : pourquoi ne nous écoute-t-on plus ? Le séminaire que nous avons conduit a notamment permis de rappeler que la "situation d'expertise", comme disent les sociologues, suppose une forme de confiance. »

Selon Daniel Agacinski, la défiance, elle, recouvre « un nuancier considérable, allant de l'exercice d'un esprit critique jusqu'au complotisme, en passant par le questionnement quant à l'intérêt poursuivi dans telle prise de position. Prenez la défiance vaccinale, déjà patente avant la crise de la Covid-19 : ce n'est pas la même chose de s'inquiéter de l'effet de tel vaccin ou de rejeter l'idée même de vaccination ».

Etienne Klein a bien décrypté[55] l'état du débat pendant la pandémie : « On a confondu les sciences et la recherche scientifique [...]. Les sciences représentent des corpus de connaissances, qu'il n'y a pas lieu de remettre en cause : la Terre est ronde plutôt que plate, l'atome existe bel et bien, l'univers observable est en expansion, les espèces animales évoluent, etc. Mais ces connaissances, par leur incomplétude même, posent des questions dont nous ne connaissons pas encore les bonnes réponses [...] Répondre à de telles questions, dont les réponses ne sont pas connues des scientifiques, c'est le but de la recherche. Par nature, celle-ci a donc à voir avec le doute, tandis que les sciences sont constituées d'acquis difficiles à remettre en cause sans arguments extrêmement solides. Mais lorsque cette distinction n'est pas faite, l'image des sciences, abusivement confondues avec la recherche, se brouille et se dégrade : on en vient à dire que "la science, c'est le doute". Ah bon ? On pourrait douter de la rotondité de la Terre ? De l'existence de l'atome ? Dans un tel climat, chacun se sent autorisé à utiliser son bon sens et son "ressenti" pour dire ce qu'il convient de penser de tel ou tel enjeu scientifique... Cela engendre une assez jolie cacophonie. Mais la nuance demande un temps que plus personne n'a. »

Ne sous-estimons pas non plus, dans cette vague de défiance, les réactions de pure émotion face à des phénomènes trop difficiles à comprendre, ou mal expliqués. Comme l'écrivait déjà Nietzsche en 1878 : « Aux objections de notre adversaire contre lesquelles notre cerveau se sent trop faible, notre cœur répond en jetant la suspicion sur les motifs de ces objections[56]. »

Que faire face à la défiance ? Notre première réaction est souvent de penser à la mise en place de règles, de lois pour limiter les dégâts causés par les « vérités alternatives ». C'est rarement efficace et de toute façon très difficile à mettre en œuvre.

Le chercheur Daniel Agacinski dit[57] se méfier « des tentatives de régulation excessive de l'expression publique, notamment parce qu'elle peut avoir pour effet paradoxal de renforcer une défiance à l'égard de ce qu'on entend dans le débat public. Il importe néanmoins d'en protéger la probité et l'intégrité. Cela peut se faire par d'autres voies, comme la promotion d'une presse indépendante ou de l'accès de tous à des vérités de faits. C'est un élément important : le socle de la démocratie, de la vie en commun, consiste à faire l'effort de s'accorder sur un certain nombre de vérités de faits, souvent ordinaires et pas nécessairement scientifiques d'ailleurs ».

Cela revient, on le voit bien, à miser fortement sur la transmission des savoirs, de tous les savoirs ; sur un système d'éducation des citoyens « tout au long de la vie ». Condorcet le défendait déjà ; le concept a été lancé au plan européen par le Livre blanc de Jacques Delors en 1993 ; aujourd'hui que les innovations technologiques dans tous les domaines se succèdent à toute allure, les citoyens ont besoin plus que jamais d'une culture scientifique et technique leur permettant de ne pas tomber dans les pièges de la défiance, tout en étant conscients des enjeux et des risques de ces technologies.

Cela pourrait apparaître comme un paradoxe, mais le meilleur antidote à la défiance généralisée est avant tout l'éducation à l'esprit critique qui sert à mieux comprendre pour mieux nuancer. Il ne s'agit pas d'une utopie puisqu'il fait déjà partie des « Compétences communes à tous les professeurs et personnels d'éducation[58] ». L'arrêté de 2013 précise qu'en tant « qu'agents du service public d'éducation » ils font « partager les valeurs de la République », et dans ce cadre ils « aident les élèves à développer leur esprit critique, à distinguer les savoirs des opinions ou des croyances, à savoir argumenter et à respecter la pensée des autres ». Voilà qui constitue une excellente base de départ.

Mais, cet esprit critique, comment le définir précisément, pour mieux l'enseigner ? Un groupe de travail du Comité scientifique de l'Education nationale s'y est attelé et a donné cette définition éclairante[59] : « L'esprit critique est la capacité à ajuster son niveau de confiance de façon appropriée selon l'évaluation de la qualité des preuves à l'appui et de la fiabilité des sources. »

Ce serait une base solide pour relancer un véritable débat démocratique raisonnable, non ?

Chapitre 4

Abécédaire de la nuance en action

« La journée sera rude », murmura Damiens au matin de son épouvantable supplice pour régicide, le 28 mars 1757. Cet euphémisme, aussi dramatique qu'involontairement drôle, me revient en tête au moment d'achever la rédaction de cet essai. La France vient d'entrer dans la campagne électorale pour l'élection présidentielle de 2022. L'année s'annonce rude pour l'amateur de nuances ; ses tourments ne seront qu'intellectuels, certes ; mais tout porte à croire que si le débat démocratique reste malmené comme il l'est aujourd'hui la conversation citoyenne va se retrouver « éparpillée par petits bouts, façon puzzle », pour choisir une référence moins dramatique[1] que celle du malheureux Damiens.

Est-ce ce que nous attendons de notre démocratie, ce mélange de hurlements, d'invectives, de cynisme arrogant et de manipulations ? C'est le moment de réagir, j'en suis toujours plus persuadé. En effet, il me semble que l'atmosphère est en train de changer. Depuis le début de l'année 2021 en effet, chaque fois que j'ai évoqué la publication de mon plaidoyer pour la nuance, j'ai enregistré des réactions positives. « Il faut en finir avec la violence, l'intolérance et la caricature des débats ! » serait un bon résumé de ce que j'ai entendu.

Au travail, donc ! Réintroduire de la nuance ne va pas être facile, mais reste possible. J'ai donné quelques pistes dans les chapitres précédents. En voici d'autres, recueillies auprès des penseurs phares du sujet, pour encourager ceux qui se lanceront dans la grande conversation à venir. Une sorte de vade-mecum par ordre alphabétique.

A comme Agression. Pour comprendre ce qui se passe sur un plateau de télé-catch, il faut lire Alfred Adler, collègue de Freud de la première heure, quand il met au jour, au début du XXe siècle, la pulsion d'agression, pulsion majeure et menace constante planant sur tout débat qui se nourrit des autres pulsions[2]. Freud l'intégrera dans son approche de la pulsion de mort, puis dans plusieurs textes. Freud estime que la seule manière de la dompter est bien sûr de mobiliser la raison, et… la culture, dont il précise qu'elle a deux effets importants : « Le renforcement de l'intellect qui commence à dominer la vie pulsionnelle et l'intériorisation du penchant à l'agression avec toutes ses conséquences avantageuses et dangereuses. » La nuance est plutôt du côté des autres pulsions fondamentales explorées par Freud, « celles qui veulent conserver et réunir – nous les appelons érotiques, tout à fait dans le sens de l'Eros dans *Le Banquet* de Platon »[3].

A comme Autonuance. Nous connaissons tous le bon mot de Jean Daniel, repris par l'essayiste suisse Etienne Barilier[4] : « Je préfère avoir tort avec Sartre que raison avec Aron. » Comme il est doux, pourtant, d'avoir raison avec Raymond Aron, modèle de lucidité. La nuance est le fil conducteur de celui qui pense l'histoire en train de se faire. Au point qu'il n'hésite pas à s'autonuancer dès qu'il se prend en flagrant délit de fabriquer des formules ou d'asséner des aphorismes.

Dans ses *Mémoires*[5], il raconte, au sujet d'un article de 1962 sur Israël réédité en 1967 : « En le relisant, j'éprouvai le besoin de corriger quelques affirmations trop catégoriques, trop simples. Je mis en note ces corrections. J'avais écrit que le sionisme en Europe avait été d'inspiration non religieuse mais politique ; j'écrivis en note "cette formule brutale appellerait au moins des nuances". »

Et le voilà qui reprend tout son article en ajoutant des notes autocritiques, comme « simplification d'un problème complexe », « formule pas entièrement vraie » ou « formule trop simple ». Il reconnaît avoir « péché par excès de simplification ». Cette honnêteté intellectuelle traquant la phrase trop rapide, ces repentirs du penseur s'appuyant sur de solides analyses critiques sont une leçon.

Rappelons-nous que Montaigne lui aussi a beaucoup réécrit ses *Essais* en les nuançant souvent, par ajout ou par modification ultérieure – après tout, ce sont des « essais » qu'il faut sans cesse reprendre. Un exemple : au livre III, chapitre 8, il écrit en 1588 : « La science que l'on enseigne améliore la bourse, nullement les esprits », qu'il modifie en « rarement les esprits » dans les éditions suivantes.

B comme Biais cognitif. C'est l'ennemi de l'esprit critique si l'on veut, une « distorsion dans le traitement de l'information », expliquent les cogniticiens, « une déviation systématique de la pensée rationnelle par rapport à la réalité ». Il trouble le débat en y apportant de nos jours une dose de subjectivité « identitaire » assez pénible.

Prenons un exemple. David Goodhart, démographe britannique expert chevronné en inégalité sociale, regrettait fin 2020 qu'une partie de la gauche l'attaque sur le fait qu'il est un « homme blanc privilégié » et qu'il ne peut donc pas avoir d'expertise valable sur les questions d'immigration. « La gauche politique identitaire donne souvent la priorité à l'expérience subjective. Cela peut enrichir les représentations. Mais aussi les piéger. Pour bien comprendre le monde, nous devons aussi utiliser les données et la logique – et pas seulement l'anecdote », écrit-il[6]. Et Montaigne de remarquer dans le titre du chapitre 27 du premier livre des *Essais* :

« C'est une folie de faire dépendre le vrai et le faux de notre jugement » ; il y traite de la faiblesse du témoignage humain (« celui qui n'avait jamais vu une rivière, à la première qu'il rencontra il pensa que c'était l'océan ») et de la reconnaissance nécessaire de notre ignorance.

C comme Contradiction. Certes, dans un débat, il est de bon ton d'apporter la contradiction. Mais que se passe-t-il si nous en portons déjà en nous ? J'aime croire CG Jung quand il affirme qu'« une pensée qui ne renferme pas une légère contradiction n'est pas tout à fait convaincante[7] » ; et Paul Valéry lui-même, qui estime que « nos contradictions sont les témoignages et les effets de l'activité de notre pensée[8] ».

C comme Courage. En avoir ou pas ? Jules Renard dans son *Journal* note : « N'écoutant que mon courage qui ne me disait rien, je me gardais d'intervenir » !

Et si l'on intervient quand même ?

Prendre la parole dans une assemblée de défenseur·e·s du *woke* pour demander à être respecté pour ce que nous sommes – notre identité de vieux mâle blanc cisgenre hétéro – exige du courage ; argumenter pour une pratique équilibrée du journalisme face à des Gilets jaunes et leurs alliés « journalistes militants » requiert une approche aussi structurée que courageuse. Jean Birnbaum, dans son essai[9], donne les exemples de Camus défendant courageusement le « parler franc », d'Orwell s'appuyant sur sa probité politique pour défendre une parole libre et de Bernanos prenant « le parti de la sincérité totale ».

De quoi parle-t-on ? De tenir tête ; de faire valoir que la nuance, c'est quand ça pense (« le courage n'est rien sans la réflexion », écrit Euripide). Se lever et parler parce que, ainsi que le résume Anatole France : « A mesure qu'on avance dans la vie, on s'aperçoit que le courage le plus rare est celui de penser[10]. »

D comme Disconvenir. J'ai une faiblesse pour ce mot qui dit le désaccord mais en douceur, en quelque sorte. Montaigne l'utilise par exemple dans le huitième *Essai* du livre II : « Il est toujours proclive aux femmes de disconvenir à leurs maris » (soit : « il est facile aux femmes d'être en désaccord avec leurs maris ») ; et de nous expliquer qu'elles « saisissent à deux mains » tous les prétextes de les

« contraster ». On voit par là que disconvenir n'est pas bien grave. Il s'agit d'une activité ordinaire. J'aime aussi que ce mot s'emploie plus volontiers en négatif pour admettre un argument ou un fait : « je n'en disconviens pas » (qu'on trouve chez Molière). Quand le grand naturaliste Lamarck travaille sur sa théorie de l'apparition des êtres vivants par l'évolution naturelle, il pose quelques jalons dont il remarque : « Ce sont là des vérités dont on ne saurait disconvenir[11]. » La science passe mieux, ainsi, notons-le.

E comme Ennuyeux. Nietzsche nous encourage, on l'a vu, à la hardiesse d'être ennuyeux, de temps à autre, c'est-à-dire simplement un peu long, si notre point de vue l'exige. Il écrit même : « Ce n'est pas quand il est dangereux de dire la vérité qu'elle trouve le plus rarement des représentants, mais lorsque c'est ennuyeux[12]. » Face à l'injonction de faire court, prenons, quand il le faut, le temps de faire de petits tunnels – le débat n'est pas une scène de TedX[13] –, quitte à être un peu « emmerdant », comme le note Etienne Klein. Faut-il aller jusqu'à être « chiant » ? Il existe sur ce point une légende tenace sur le fondateur du *Monde*, Hubert Beuve-Méry, enjoignant à ses journalistes de « faire chiant ». De mes années dans ce journal, débutées au siège historique de la rue des Italiens, j'ai surtout le souvenir d'avoir pu jouer librement sur tous les registres de l'ironie. C'est le directeur du *Temps*, journal austère, installé avant-guerre dans les locaux repris plus tard par *Le Monde*, Adrien Hébrard, qui allait répétant à ses journalistes : « Faites emmerdant. » Il voulait dire : privilégiez le sérieux, quitte à faire gris.

E comme Escalier (l'esprit de). Diderot raconte dans le *Paradoxe sur le comédien* une vive conversation qui s'achève à ses dépens : « Cette apostrophe me déconcerte et me réduit au silence, parce que l'homme sensible, comme moi, tout entier à ce qu'on lui objecte, perd la tête et ne se retrouve qu'au bas de l'escalier. » Vive l'esprit de l'escalier, qui permet de prendre du recul pour trouver le mot juste ; même si c'est trop tard pour poser à la femme ou à l'homme d'esprit. Trouver la bonne repartie lorsqu'on est reparti ? Pas grave ; elle n'était peut-être qu'un bon mot de plus dans le spectacle outré auquel nous participions.

F comme Faux. Quand une information est fausse, quand une proposition est absurde, la nuance ne vient pas à leur rescousse comme un onguent magique : ce qui est faux est faux, ce qui est absurde reste absurde. La nuance a rapport avec la recherche de la vérité, pas avec des petits arrangements.

Dans une controverse de 2013, l'économiste Paul Krugman s'en prend à un article scientifique de deux chercheurs qui défendent une thèse à la mode en s'appuyant sur des données incomplètes, avec le soutien d'autres chercheurs qui veulent apporter de la nuance dans le débat. Krugman, en colère, écrit : « Le problème avec cet article n'était pas qu'il défendait une thèse sans y apporter de nuances, c'est qu'il était faux[14]. »

G comme Gens (les). Vient toujours un moment, dans un débat de piètre qualité, où l'on entend ce mot-là, accompagné d'un verbe, comme « les gens en ont assez », « les gens ne sont pas raisonnables », « les gens vont sortir dans la rue ». C'est un signal d'alarme qui marque le moment où je me retire de l'échange. Quand on atteint ce niveau de généralité du débat, plus rien d'intéressant n'en sortira. Comme le dit mon maître en ironie Alphonse Allais : « En voilà de sales types, les gens[15] ! »

H comme Haine. Camus dans *Caligula* fait dire au tyran : « Il n'y a que la haine pour rendre les gens intelligents[16]. » De fait, en écoutant certains de nos débatteurs de plateau les plus excessifs, on ne peut que remarquer combien leur haine (des immigrés chez les uns, des bourgeois chez d'autres) les rend créatifs, habiles à faire passer des moignons d'arguments pour les bras armés de la pensée contemporaine. Et leurs tirades insultantes s'autoentretiennent puisque, comme l'écrivait Tacite : « Quand l'être humain a une victime, il est porté à la haïr[17]. »

I comme Insignifiant. Ainsi que le disait Talleyrand : « Tout ce qui est excessif est insignifiant. »

J comme Juste. Montaigne cherche ce qui est juste dans les débats. Viser la cible et juste la cible ; mettre la juste force dans les arguments (sans excès, ni faiblesse) ; chercher le juste équilibre entre les arguments opposés. Au-delà de sa vision de la justice (« rendre à chacun ce qui lui est dû »), Montaigne nous apprend la juste mesure.

K comme K-O. Observez Julien Borowczyk, cet élu LREM, médecin, sur le plateau de BFMTV, affirmant, le lundi 26 avril 2021, que la France est devant le Royaume-Uni pour le nombre de vaccinés à deux doses. Philippe Corbé, chef du service politique de la chaîne, le contredit à mi-voix, mais le député lui assène : « L'Angleterre est derrière nous en deux doses, je peux vous l'assurer. Vous pouvez regarder les chiffres ! »… ce que fait le journaliste, en direct, sur sa tablette. Puis il énonce à haute et intelligible voix les vraies statistiques. Le député a donné de mauvais chiffres, mais cherche quand même à botter en touche. Le journaliste insiste pour finir de donner les données exactes. L'élu, perdu, insiste encore en attaquant le journaliste d'un « vous êtes d'une élégance rare ». Mais rien n'y fait. Il est K-O.

L comme Limites. A quel moment touche-t-on les limites à invoquer la nuance dans le débat ? Quand vient le moment où la nuance empêche d'agir, probablement. L'action politique, comme l'écrivait Malraux, exige le manichéisme. Camus, commentant les actions de la Résistance, précise : « Il y a eu, en ce temps-là, de terribles violences qui ne m'ont posé aucun problème. Je ne dirais donc point qu'il faut supprimer toute violence, ce qui serait souhaitable, mais utopique, en effet. Je dis seulement qu'il faut refuser toute légitimation de la violence, que cette légitimation lui vienne d'une raison d'Etat absolue, ou d'une philosophie totalitaire[18]. »

L comme Littérature. Barthes note[19] : « Je veux vivre selon la nuance. Or il y a une maîtresse de nuances, la littérature : essayer de vivre selon les nuances que m'apprend la littérature. » Il faut donc en lire beaucoup, de préférence aux traités et autres manuels. Georges Picard[20] la défend parce qu'elle « donne ce vocabulaire qui permet d'exprimer une pensée plus rigoureuse et plus nuancée », ajoutant : « La lecture donne aussi l'idée d'une participation indirecte au monde. Plongé dans un livre, notre esprit conserve une vigilance critique, notre conscience est scindée en deux, nous sommes à la fois ici et là, avec les personnages dont nous partageons les préoccupations, les plaisirs et les angoisses, et en même temps nous-mêmes, en tant que lecteur doté de la toute-puissance d'un démiurge critique. Ce que nous savons si mal faire dans la vie [...] à savoir prendre nos distances par rapport à nos émotions. »

M comme Mésusage. De la même façon qu'il y a un bon usage de la nuance, on peut aussi montrer le contraire et épingler ses mésusages. George Picard en fait le tableau : « Dans toute discussion, les extrémistes apportent une sorte de clarté tranchante, utile au débat. Cependant, il faut également tenir compte d'être excessif dans la modération, à l'exemple de Montaigne, qui pousse parfois la nuance si loin qu'on ne sait plus ce qu'il pense exactement. Il nous apprend ainsi à nous méfier de la modération intransigeante, tout aussi ruineuse pour la notion de vérité que le fanatisme intellectuel [...] Attention aux sages qui, au nom de la mesure, finissent par aplanir toute idée saillante et par recouvrir de sable les pistes les mieux tracées[21]. »

M comme Modestie. Gardons en tête que nous cherchons à sauver le débat démocratique ; comme l'écrivait Camus[22] : « Le démocrate est modeste. Quelque décision qu'il soit amené à prendre, il admet que les autres, pour qui cette décision a été prise, puissent en juger autrement et le lui signifier. » Même si Sartre fait dire à l'un des héros du *Diable et le Bon Dieu* que « la modestie est la vertu des tièdes » !

N comme Neutre. Sans jouer les cuistres, il faudrait ici citer l'ensemble du cours au Collège de France de Roland Barthes sur le sujet. Retenons simplement qu'il s'agit, en partant là aussi (comme Montaigne) du scepticisme antique de Pyrrhon (toujours en recherche, examinant sans trouver, suspendant son jugement, doutant toujours…), de réhabiliter le neutre qui échappe aux oppositions, le neutre qui « déjoue le paradigme antagoniste », écrit Barthes, qui veut mettre en valeur « la vitalité du neutre ». Ce cours est un monument qui convoque les philosophies orientales, la délicatesse, le silence, la bienveillance, etc.

Retenons, pour notre propos, que le neutre est à l'opposé du dogmatisme parce qu'il ne cherche pas à corriger l'autre ; que dans un combat ce serait le jiu-jitsu ou l'art de se défendre sans arme, qui « attire et aspire la force de l'adversaire par la non-résistance, c'est-à-dire le vide… » ; le neutre, imagine Barthes, « ce serait de s'arranger pour disposer des choses intelligentes, comme en filigrane (cf. le camaïeu) dans un tissu (verbal) plat, bête[23] ». Cette sorte de subtilité-là est plutôt stimulante.

O comme Opinion. Il a peu été question de Voltaire dans cet essai ; il a pourtant donné des textes essentiels sur la liberté d'expression, l'opinion et la raison, qui ont guidé mes recherches. Dans ses *Questions sur l'Encyclopédie*[24], chef-d'œuvre de sa philosophie ironique et sceptique, à l'article « Opinion » il note : « On la nomme reine du monde ; elle l'est si bien que quand la raison vient la combattre, la raison est condamnée à mort. Il faut qu'elle renaisse vingt fois de ses cendres pour chasser enfin tout doucement l'usurpatrice. » J'aime cette précision de Voltaire, qui le rapproche de la nuance : « tout doucement ».

P comme Place (à la). Et si nous adoptions l'attitude de Raymond Aron, qui cherche dans l'analyse ou la discussion à se mettre à la place de l'autre ? Ainsi, commentant la politique internationale, il signale : « Depuis un demi-siècle, je limite moi-même ma liberté de critique en posant la question : "A sa place, qu'est-ce que je ferais ?[25]" » Question simple qui ouvre de vastes possibilités de réflexions, et de modestie.

P comme Prudence. Dans la pièce antique *Les Suppliantes* (celle d'Euripide et non celle d'Eschyle, censurée en Sorbonne[26]), le tragique grec écrit : « Le vrai courage, c'est la prudence. » Comme en écho, mon cher Montaigne prend soin de noter, dans son premier *Essai* du livre III : « Je suivrai le bon parti jusqu'au feu, mais exclusivement », reprenant une expression que Rabelais prête à Panurge dans son *Tiers Livre* : « Je le maintiens jusques au feu exclusivement. » Pas question non plus de monter sur le bûcher pour des idées politiques ou religieuses qui n'en valent pas le coup ! Alors, oui, les tenants de la nuance ressemblent parfois aux penseurs dont Camus écrit : « Ceux qui manquent de courage ont toujours une philosophie pour le justifier[27]. » Mais ce n'est qu'une illusion d'optique…

Q comme Question. Il a beaucoup été question… de questionnement dans cet essai. L'interrogation est au cœur de la nuance, bien plus que l'affirmation. Claude Lévi-Strauss écrit : « Il ne saurait exister pour la science des vérités acquises. Le savant n'est pas l'homme qui fournit les vraies réponses ; c'est celui qui pose les vraies questions[28]. »

R comme Religion. « Le test d'une bonne religion est de savoir si vous pouvez faire des plaisanteries à son sujet », estime l'écrivain anglais G.K. Chesterton[29], esprit fin renommé pour ses essais, ses romans policiers, et ses œuvres d'apologétique chrétienne !

S comme Sourire. Cessons de nous plaindre de ce qu'« on ne peut plus rire de rien » ! D'abord, si, nous pouvons bien souvent rire de tout – entre amis de la même génération –, et cette ironie de connivence fait du bien. Surtout, nous pouvons et devons sourire de ce que nous trouvons plaisant quand il s'agit de caricatures d'idées, de propos excessifs, de jargons pédants, de tirades cuistres à force de contorsions idéologisantes.

Dans son chapitre 50 du livre I, Montaigne se plaît à opposer Héraclite, philosophe pessimiste, et Démocrite, que sa légende représente comme riant de tout. Ce dernier, « trouvant la condition humaine vaine et ridicule, ne sortait en public qu'avec un visage moqueur et souriant », raconte Montaigne, qui préfère cette attitude, car elle « nous condamne plus que l'autre : il semble en effet que nous ne pouvons jamais être assez méprisés selon ce que nous méritons ».

Le véritable ironiste, on le sait, ironise d'abord sur lui-même ; de la même façon que le véritable ami de la nuance excelle, on l'a dit, à s'autonuancer.

T comme Tolérance. L'un des ressorts fondamentaux de la nuance est l'écoute calme et courtoise ; la prise en compte de la parole de l'autre, que je considère et respecte, même si, au départ, il ne me respecte pas. Montaigne écrit : « Nous autres, qui privons notre jugement de prononcer des arrêts, nous regardons sans passion les opinions différentes des nôtres, et si nous n'y prêtons pas le jugement y prêtons aisément l'oreille » ; puis, plus loin dans ce même chapitre 8 du livre III : « Je fais la fête à la vérité et je la chéris en quelque main que je la trouve et je me livre à elle et lui tends mes armes vaincues d'aussi loin que je la voie approcher. »

U comme Ultracrépidarianisme. Ce concept latin, remis au goût du jour par Etienne Klein, désigne « la tendance, fort répandue, à parler avec assurance des sujets que l'on ne connaît pas[30] ». Quand vous vous apprêtez à prononcer une opinion sanitaire en commençant votre phrase par « Je ne suis pas médecin, mais… », posez-vous la question de l'ultracrépidarianisme. Elle incite à la modestie la plus stricte !

V comme Vérité. Péguy, fondant les *Cahiers de la quinzaine* (ce « journal vrai »), en définissait ainsi la mission : « Dire toute la vérité, dire bêtement la vérité bête, ennuyeusement la vérité ennuyeuse, tristement la vérité triste. » Une vérité neutre en quelque sorte, comme en écho des rêves de neutralité journalistique. Lorsqu'en 1944 Pierre Brisson, rassemblant quelques journalistes, relança *Le Figaro*, il leur donna la consigne suivante : « Pas d'éloquence, de la bonne foi, essayer de renseigner le public. » La bonne foi comme ligne éditoriale n'est pas si mal et colle bien aux idées de Montaigne, jamais loin de la sobriété et de la probité. Mais aujourd'hui on aurait plutôt tendance à se rapprocher de ce qu'écrivait Jean Daniel en 1976 : « La vérité me paraît être le plus souvent dans le complexe, dans le contradictoire. »

Z comme Zététique. Retour, pour finir, à la philosophie sceptique antique admirée par Montaigne, et à l'une de ses approches, dont le drôle de nom vient tout simplement du grec *zêtêin* (chercher). La doctrine en question est en effet une recherche ; elle examine sans fin ; elle doute ; elle étudie les recherches en cours et les étapes de la vérité.

De nos jours, elle s'est transformée en un « art du doute » universitaire, cherchant à démasquer les « pseudo-sciences » et les « pseudo-médecines » en accolant volontiers le suffixe « sceptique » à divers phénomènes (ufo-sceptique, etc.). La zététique, comme toutes les doctrines philosophiques, doit pourtant se méfier d'elle-même et de la tentation scientiste dogmatique.

Montaigne, comme toujours, nous montre le chemin, il n'hésite pas à douter de la valeur du doute lui-même lorsqu'il devient un dogme. « La peste de l'homme c'est l'opinion de savoir (penser qu'il sait)[31] », écrit celui qui avait pris comme devise « Que sais-je ? ».

Epilogue

Apprendre la nuance ?

Le 19 juillet 2020, lors d'une conférence en Bretagne[1], la grande historienne Mona Ozouf lançait : « La crise sanitaire n'est pas finie que nous avons déjà commencé à instruire le procès de ceux qui l'ont gérée. Comme s'il n'y avait rien de plus urgent que d'épingler des coupables et de les punir de façon exemplaire. Tout ça montre à quel point nous sommes les héritiers de la radicalité révolutionnaire. Nous avons collectivement besoin d'une éducation à la patience, à la tolérance, à la nuance. »

Enseigner la nuance ? Cela peut paraître assez risqué si l'on pense à ce qu'écrivait Mark Twain : « L'éducation est le chemin qui mène de l'ignorance arrogante à l'incertitude misérable[2]. » Peut-être faut-il s'en tenir à ce qu'en dit Etienne Klein : « C'est bien de faire l'éloge de la nuance, de constater qu'elle nous manque, mais c'est bien aussi d'apprendre à l'aimer. »

En écrivant ces derniers mots, je repense à mon instituteur de CM2, M. Mandon. Il fut pour moi l'exemple parfait d'un professeur de mesure. Avec sa blouse grise, sa règle sans cesse à la main, sa voix claire et nette, ses mots précis, il dégageait une autorité incontestable. Notre école de garçons d'un quartier populaire de la rive droite bordelaise était réputée « difficile ». Mais M. Mandon n'a jamais connu un chahut ni n'a eu à souffrir d'un quelconque manque de respect. Son rôle d'éducateur paraissait évident. Il nous apprenait tout ce que nous devions savoir et tout nous semblait utile. Les briques s'accumulaient au fil de l'année et à l'été nous avions fini le programme, sans nous être ennuyés une seconde. Il appuyait son enseignement sur une ironie souvent mordante ; n'élevait jamais la voix ; semblait toujours intéressé lui-même par les matières qu'il nous enseignait. Jamais blasé, jamais cynique, il nous donnait l'exemple même de la modération. Ses dictées, choisies chez Jules Romains ou Roger Martin du Gard, Alain ou Taine, nous paraissaient difficiles, mais il prenait le temps de nous en expliquer le sens. Hussard noir de la République, profondément laïque, il croyait au progrès et à l'égalité des chances. Nous venions tous des mêmes milieux ouvriers et employés, mais il ne faisait aucun doute que l'Education nationale pouvait nous permettre de devenir ce que nous rêvions de devenir.

Nous fûmes un petit groupe à rendre visite à notre ancien instituteur chaque année, puis tous les deux ans, juste pour le tenir au courant de nos parcours et le plaisir de l'entendre dire « Ah çà ! C'est bien, mon grand », en nous appelant par notre nom de famille.

En terminale, mon professeur de maths, M. Noël, petit moustachu cravaté au fort accent girondin, fut du même bois : modéré, ironique, enthousiaste pour sa matière, encourageant, il nous accompagna jusqu'au bac en douceur. A la veille des épreuves, pour son dernier cours, dans sa classe sombre du lycée Michel Montaigne, il nous dit simplement : « Eh bien, vous en savez des choses ! Vous vous rendez compte de tout ce que vous avez appris cette année et dans toutes ces matières ! Dites-vous bien que vous ne serez jamais plus savants que ça. Mais surtout continuez de vous intéresser à tout. »

Ces deux personnages qui ont beaucoup compté pour moi m'ont-ils vraiment enseigné l'amour de la nuance ? A n'en pas douter ; ils m'ont appris à écouter l'autre, à respecter la science, à douter raisonnablement ; un mélange d'esprit critique et de curiosité.

Ce que disaient mes deux maîtres convergeait sur ce point : conserver longtemps cette envie de découvrir, propre à l'enfance, qui permet de tout remettre en perspective en permanence. Certes, pour ne pas dire n'importe quoi, comme le premier ignorant venu, il fallait apprendre les règles, les fleuves et les dates, mais aussi s'intéresser à tout, à toutes les matières, à toutes les disciplines, et aimer en découvrir d'autres, qui apportent de nouveaux points de vue sur le réel. Apprendre en même temps la rigueur et la curiosité.

« Qu'on lui mette dans l'esprit une honnête curiosité de s'informer de toutes choses », conseille Montaigne dans ses principes d'éducation de l'enfant[3]. Il précise : « Ayant plutôt envie de faire de lui un homme habile qu'un homme savant, je voudrais aussi qu'on fût soucieux de lui choisir un guide qui eût plutôt la tête bien faite que bien pleine et qu'on exigeât chez celui-ci les deux qualités, mais plus la valeur morale et l'intelligence que la science. »

Il souhaite avant tout former un individu qui puisse « juger librement » et se méfier des « opinions » toutes faites. Apprendre la philosophie très jeune, en conversant, est pour lui une activité « allègre et peu s'en faut que je ne dise folâtre. Elle ne prêche que fête et bon temps » dans la voie qu'elle ouvre vers « la vertu » ; « le gain de notre étude, c'est en être devenu meilleur et plus sage », ajoute-t-il.

Son idéal de formation allie les livres (surtout d'histoire et de poésie) et la découverte du monde (« le jugement humain retire de la fréquentation du monde une lumière extraordinaire »). Quitte à ce que ce dernier nuance sévèrement ce que nous avons lu. « Le monde » est bien sûr celui qu'on découvre en voyageant, mais il est aussi à notre porte, dans « le commerce des hommes », dans nos activités quotidiennes. Ce frottement permet d'acquérir aussi le sens de la modération. Apprendre à dialoguer, à converser, paraît plus important à Montaigne qu'apprendre l'éloquence pure, dont il se méfie (« l'éloquence fait tort aux choses quand elle nous tourne vers elle »). Aujourd'hui nous dirions qu'apprendre à débattre en écoutant soigneusement l'autre et en affûtant ses propres arguments semble plus utile que briller dans un concours d'éloquence et prouver qu'on gagne au jeu de celui qui a « toujours raison[4] ».

Montaigne a décidément bien des messages à partager avec notre époque. Sa volonté de faire se confronter la jeune intelligence au réel, quelque difficile qu'il soit, son conseil de lui faire « goûter à tout », son insistance à donner aux enfants les moyens de réfléchir par eux-mêmes sont autant de voies que l'on pourrait suivre aujourd'hui pour enseigner l'amour de la nuance.

Personne ne dit que ce sera facile. Mais, en reprenant les mots de Mona Ozouf, « apprendre la patience, la tolérance et la nuance » est devenu une nécessité.

Remerciements

Toute ma gratitude à Sofia Bengana, directrice des Presses de la Cité, qui m'a fait confiance pour cet essai, et à l'indispensable Thierry Grillet, éditeur exigeant, précis et stimulant.

Merci à Fabrice Rousselot et Caroline Nourry, qui ont fait naître et grandir TheConversation.fr ; merci à la rédaction de ce site unique, qui fait vivre la nuance et nourrit le débat quotidiennement.

Merci aux équipes de Cap Sciences et de Curieux !, qui jour après jour défendent l'esprit critique et la démarche scientifique.

Et merci à tous les chercheurs et intellectuels rencontrés pour ce livre et qui m'ont inspiré par leurs démarches nuancées et courageuses : Etienne Klein, Jean Birnbaum… et tous les autres, dont des dizaines d'autrices et d'auteurs de *The Conversation France*.

Notes

Introduction
(pages 15 à 31)

1. Enquête Ifop pour le site Flint, 1er et 2 juin 2021.

2. Matinale de France Inter, 30 septembre 2020.

3. Fabrice Rousselot, qui est de l'aventure mondiale de *The Conversation* depuis 2014.

4. *En finir avec l'ironie ? Eloge d'un mal français*, Robert Laffont, 2018.

5. *Les Essais*, livre I, chap. 25.

6. *Les Essais*, livre I, chap. 30.

7. Je me répète, car c'est l'expression utilisée par Etienne Klein, grand « nuanceur », dans un entretien cité plus loin.

8. De Jean Birnbaum, série devenue un livre aux Editions du Seuil.

9. *Plaidoyer pour la nuance*, numéro de décembre 2020.

10. *Correspondance,* « Lettre à Mademoiselle Leroyer de Chantepie » (1857).

11. *Les Essais*, livre III, chap. 8.

Chapitre 1
(pages 33 à 80)

1. *Les Essais*, livre III, chap. 8.

2. Dans *Eloge de la nuance*, Editions du Bois d'Amour, décembre 2002.

3. Dans *Nuance – Why Some Leaders Succeed, and Others Fail*, Corwin, 2019.

4. Ecrit en 1871 et publié dix ans plus tard.

5. Dans *De l'Allemagne*, Garnier-Flammarion.

6. *Par-delà bien et mal*, traduction Patrick Wotling, Garnier-Flammarion, 2000 ; deuxième section, chap. 32.

7. Sacha Guitry, « Toutes réflexions faites » (1947), dans *Cinquante ans d'occupation*, « Omnibus », Presses de la Cité, 2018.

8. Dans son *Traité de ponctuation française*, « Tel », Gallimard, 1991.

9. Cecelia Watson, *Semicolon*, Ed. Ecco, 2019.

10. Philippe Meyer notamment, dans une de ses chroniques (in *Heureux habitants de l'Aveyron et des autres départements français*, « Points », Editions du Seuil, 1998).

11. Vidéo du média en ligne *Brut*, mise en ligne le 22 mars 2021.

12. « La distinction entre science engagée et idéologie : les leçons de Bourdieu », Gisèle Sapiro, in *AOC*, 31 mars 2021.

13. Dans le dossier de *Philosophie Magazine* : *Plaidoyer pour la nuance*, décembre 2020.

14. *Fragments*, traduction et présentation Marcel Conche, fragment 108, PUF, 2011.

15. Je ne saurais trop recommander aux amateurs de mots l'ouvrage d'Alain Duchesne et Thierry Leguay,

La Nuance – Dictionnaire des subtilités du français, Larousse, 1994.

16. Vidéo du média *Brut*, mise en ligne le 22 mars 2021.

17. Cité par Jean Birnbaum, dans *Le Courage de la nuance*, Editions du Seuil, 2021.

18. Albert Camus, *Œuvres complètes*, tome 1, « Bibliothèque de la Pléiade », Gallimard, 2006, p. 908.

19. *Les Essais*, livre III, chap. 8.

20. Texte établi par A.-M. Desrousseaux, « Budé », Les Belles Lettres, 1956.

21. Béatrice Périgot, *Dialectique et Littérature – Les avatars de la dispute entre Moyen Age et Renaissance*, Honoré Champion, 2005.

22. *L'Age de la conversation*, Gallimard, 2002.

23. Madame de Staël, *De l'Allemagne*.

24. Benedetta Craveri, *L'Age de la conversation*, p. 374.

25. Dans son essai *Le Populisme au secours de la démocratie ?*, « Le Débat », Gallimard, 2021.

26. Entretien de Chloé Morin sur France Culture, le 20 février 2021.

27. *Controverses mode d'emploi*, préface de Bruno Latour, Presses de Sciences Po, 2021.

28. Albert Camus, *Actuelles I*, « Folio Essais », Gallimard.

29. Dans *Les Conspirateurs du silence*, Editions de l'Observatoire, 2018.

30. André Malraux, *L'Espoir*, « Folio », Gallimard, pp. 394-395.

31. Dans son blog *Philotude*, le 23 février 2019.

32. *Les Essais*, livre II, chap. 6.

33. *Les Essais*, livre I, chap. 30.

34. *Condorcet, un intellectuel en politique*, E. et R. Badinter, Fayard, 1988.

35. Charles Coutel, *Politique de Condorcet*, Payot, 1996.

36. E. et R. Badinter, *Condorcet, un intellectuel en politique,* Fayard, 1988.

37. « Folio », Gallimard, 1991.

38. Sylvie Gomez, « Appel à la trêve civile : naissance d'une morale tragique », in *Les Moralistes modernes*, Fabula/Colloques, 4 novembre 2010.

39. « Réponses à Emmanuel d'Astier de la Vigerie », in *Actuelles I.*

40. *Ibid.*

41. L'excellent Pierre Briançon, qui a fait une belle carrière dans la presse américaine.

42. Dans *Boomerang*, 3 janvier 2020, France Inter.

43. Cours au Collège de France, séances des 18 et 25 février 1978.

44. Dans son ouvrage *Sauver le monde*, Buchet-Chastel, 2019.

45. Voir sa chaîne YouTube « La philosophie ça sert à rien » et l'épisode 12.

46. Emil Cioran, *De l'inconvénient d'être né*, Gallimard, 1973.

47. Etienne Klein, *Le Goût du vrai*, « Tracts », Gallimard, juillet 2020.

48. Entretien à *La Montagne*, propos recueillis par Florence Chédotal, 4 août 2020.

49. Chloé Morin, *Le Populisme au secours de la démocratie ?*, « Le Débat », Gallimard, 2021.

Chapitre 2
(pages 81 à 125)

1. *Pourquoi la guerre ?,* correspondance entre Sigmund Freud et Albert Einstein, Rivages poche.

2. *Les Essais*, livre II, chap. 12.

3. *Ibid.*

4. Vidéo du média *Brut*, mise en ligne le 22 mars 2021.

5. *The Managing of Organizations – The Administrative Struggle*, Free Press of Glencoe, 1964.

6. *Data Smog : Surviving the Information Glut*, Harper Collins Publ., 1998.

7. Caroline Sauvajol-Rialland, *Surcharge informationnelle en entreprise ; l'Infobésité, réalité ou illusion ?*, Cahiers de la Documentation, 2014.

8. Paul Valéry, *La Crise de l'esprit*, Editions Manucius, 2016.

9. « Il est urgent de rétablir la nuance dans le débat public », Natacha Tatu, 6 août 2020.

10. « There is no alternative ! » (« pas d'autre choix possible ») clamait Margaret Thatcher dans les années 1980 en défendant son ultralibéralisme.

11. Voir *La Morale de cette histoire*, Pierre-Henri Tavoillot, Michel Lafon, 2020.

12. Tribune libre dans *L'Opinion* le 22 mai 2019, avant les élections européennes.

13. Lire l'excellent *J'ai vu naître le monstre – Twitter va-t-il tuer la démocratie ?*, de Samuel Laurent, Les Arènes, 2021.

14. Friedrich Nietzsche, *Humain, trop humain*, *Opinions et sentences mêlées*, aphorisme 321, traduction Henri Albert, Hachette Littératures, 1988.

15. 33e baromètre *La Croix-Kantar* sur la confiance dans les médias.

16. « Digital News Report », Reuters Institute, juin 2019.

17. Denis Muzet, *La Mal Info. Enquête sur des consommateurs de médias*, Editions de l'Aube, 2006.

18. Entretien dans *Le Parisien*, 27 juin 2020.

19. Entretien au *JDD*, 3 janvier 2021.

20. Le mixed martial art associe boxe, lutte, jiu-jitsu, karaté et autres, dans un octogone grillagé où tous les coups sont permis.

21. Dans *Pouvoir sur scène*, PUF, 1980.

22. « L'éloge de la nuance », in *La Presse* le 25 janvier 2015.

23. *Marianne*, 9 octobre 2020.

24. Roland Barthes, *Mythologies,* Editions du Seuil.

25. « Le cas Wagner », *Ecce Homo*, traduction Jean-Claude Hémery, « Folio Essais », Gallimard, 1990.

26. Aphorisme 25.

27. Vidéo du média *Brut*, mise en ligne le 23 mars 2021.

28. Plon, 2020.

29. Sur ces dérives télévisuelles, ne manquez pas l'épisode du youtubeur philosophe Monsieur Phi intitulé « Pourquoi les philosophes médiatiques disent de la merde ».

30. Roland Barthes, *Le Neutre*, cours et séminaires au Collège de France, Editions du Seuil, 2002.

31. *L'Economie de l'attention*, ouvrage collectif coordonné par Yves Citton, La Découverte, 2014.

32. Cité dans *Les Dirigeants français et le changement*, collectif d'auteurs, Editions du Huitième Jour, juin 2004.

33. La génération Y, selon la *Harvard Business Review*, serait la population née entre 1984 et 1996.

34. Chiffre tiré de l'essai de Bruno Patino, *La Civilisation du poisson rouge*, Grasset, 2019.

35. *La Civilisation du poisson rouge*, Grasset, 2019.

36. Eric Fottorino, le 6 février 2021, interviewé sur Public Sénat.

37. *L'Obs*, 6 août 2020.

Chapitre 3
(pages 127 à 192)

1. Hartmut Rosa, *Accélération. Une critique sociale du temps*, La Découverte, 2010.

2. Paul Virilio, *Vitesse et Politique, essai sur la dromologie*, Galilée, 1977.

3. Christophe Bouton, *Le Temps de l'urgence*, Le Bord de l'Eau, 2013.

4. Didier Pourquery, *Le Bazar des nouveautés*, Stock, 1990.

5. Ah l'agilité… concept managérial en miroir de l'urgence, nouvelle qualité essentielle dans notre monde de projets innovants et de ruptures !

6. Chloé Morin, *Le Populisme au secours de la démocratie ?*

7. On me pardonnera ces trois anglicismes (dont un néologisme) destinés à marquer les esprits.

8. Gébé, *L'An 01*, L'Association, 2014.

9. Le manifeste allemand en 14 points, *Das Slow-Media Manifest*, a fait le tour du monde depuis son lancement début 2010.

10. Dans *Le Temps de l'urgence*, Le Bord de l'Eau, 2013.

11. Fleur Daugey, *Procrastiner pour mieux créer*, Actes Sud, 2021.

12. Sur les « artifices de la communication politique » et les promesses non tenues, on lira l'essai d'Agathe Cagé, *Respect !*, Editions des Equateurs, 2021.

13. Dans *Dernières Nouvelles du mensonge*, Lux Editeur, 2021.

14. Dans l'émission *Territoires* sur *Public Sénat*, le 17 décembre 2018.

15. « Si les professionnels, ce sont ceux qu'on a virés *(sic)* il y a deux ans et demi, et que les amateurs c'est vous, alors soyez fiers d'être amateurs ! », dans un discours aux députés LREM en février 2020 à l'Elysée.

16. R. Gubert et E. Saint-Martin, *L'Arrogance française*, Balland, 2003.

17. Albert Memmi, *Portrait du colonisé* précédé de *Portrait du colonisateur*, « Folio Actuel », Gallimard, 2002.

18. Voir l'ouvrage collectif *L'Arrogance – Un mode de domination néo-libéral*, sous la direction d'Eugène Enriquez, Editions In Press, 2015.

19. Entretien au *JDD*, le 16 décembre 2018.

20. Sophie de Mijolla-Mellor, *Les Arrogants*, Dunod, 2017.

21. Entretien au quotidien *Le Temps*, 16 avril 2021.

22. *Petit Traité à l'usage de ceux qui veulent toujours avoir raison*, José Corti, 1999.

23. *C Politique*, 20 septembre 2020.

24. Dans cet article, Tom Wolfe décrit une soirée organisée le 14 janvier précédent chez Leonard Bernstein dans son duplex de treize pièces avec terrasse, pour lever des fonds en faveur des Black Panthers.

25. « Le siècle de la peur », *Combat*, 19 novembre 1946, in *A Combat*, « Folio Essais », Gallimard.

26. Dans sa chronique intitulée « Je crois donc j'ai raison ! Idéologies et émotions », sur Xerfi Canal, le 18 mars 2021.

27. Invité du Grand Entretien de la matinale de France Inter, le 30 septembre 2020, pour la publication chez Fayard de *Sortir de notre impuissance politique*.

28. Le 4 avril 2021, dans l'émission *Les Incorrectibles*, pour la sortie de son essai *Abattre l'ennemi*, Ed. Michel Lafon, 2021.

29. *Pourquoi nous appelons à boycotter les Rendez-vous de l'histoire de Blois*, tribune dans *Libération*, 30 juillet 2014.

30. Nicolas Truong, « La fin de la revue *Le Débat* suscite des lectures divergentes dans le milieu de la pensée française », *Le Monde*, 20 septembre 2020.

31. Lire son entretien paru dans *Le Point*, le 29 août 2020.

32. Interview dans *Le Monde* du 11 février 2021.

33. Voir Chris Bail, *Breaking the Social Media Prism : How to Make Our Platforms Less Polarizing*, Princeton University Press, 2021.

34. Interviewé dans le *28 minutes* d'Arte du 20 février 2021 pour la sortie de son ouvrage *La Morale de cette histoire*, Michel Lafon, 2021.

35. Vidéo du média en ligne *Brut*, mise en ligne le 22 mars 2021.

36. Entre 2011 et 2014, ces chroniques ont été rassemblées dans un recueil intitulé *Les Mots de l'époque*, Autrement, 2014.

37. *En finir avec l'ironie ? Eloge d'un mal français*, Robert Laffont, 2018.

38. Dans une interview au *Figaro Vox* mise en ligne le 17 décembre 2020.

39. Lire ce qu'en écrit par exemple Eric Fassin dans *Le Monde* du 20 août 2020 et sur Internet dans son texte sur la *cancel culture* du 17 mai 2021 mis en ligne sur le site *Publictionnaire. Dictionnaire encyclopédique et critique des publics.*

40. Voir *Les Péchés de la langue*, de Carla Casagrande et Sylvana Vecchio, Editions du Cerf, 2007.

41. Interview du 20 février 2021 sur *28 minutes.*

42. Michel Wieviorka, *Mémoire, Histoire et Reconnaissance : un débat profond qui mérite des nuances*, *The Conversation France*, 1er juillet 2020.

43. Agnès Tricoire, Jacinto Lageira et Christian Ruby, *Cancel Culture : la censure euphémisée*, AOC, 21 avril 2021.

44. C'est le titre de l'essai de Caroline Fourest paru chez Grasset en 2020.

45. Ces jeunes élevés dans l'idée qu'ils sont « uniques » (comme chaque flocon de neige est unique), donc précieux et dans un certain sens fragiles.

46. Voir l'article de Jacques Hamel, « Génération Z », mis en ligne sur le site *Publictionnaire. Dictionnaire encyclopédique et critique des publics,* le 19 janvier 2021.

47. Chronique pour *La Presse* (Montréal), 22 février 2021.

48. Caroline Fourest, *Génération offensée*, Grasset, 2020, p. 126.

49. *Ibid.*, pp. 121 et 128.

50. Monique Canto-Sperber, *Sauver la liberté d'expression*, Albin Michel, 2021.

51. *Le Monde*, 5 mai 2021.

52. En s'appuyant notamment sur les travaux du philosophe Emmanuel-Juste Duits autour du débat méthodique (voir son blog, *Tolérance active*).

53. Dans « Défiance et complotisme : quand les faits n'ont plus d'importance », par Lucie Gillot et Laura Martin-Meyer, revue *Sesame* du 4 mai 2021.

54. Service d'étude et d'expertise dépendant du Premier ministre, puis du Commissariat au Plan.

55. Entretien au quotidien *Le Temps*, 16 avril 2021.

56. Nietzsche, *Humain, trop humain*, *Opinions et sentences mêlées*, aphorisme 39.

57. Dans « Défiance et complotisme : quand les faits n'ont plus d'importance », art. cité.

58. Arrêté du 1er juillet 2013 – Bulletin officiel de l'Education nationale n° 30, du 25 juillet 2013 – Formation des enseignants – Référentiel des compétences professionnelles des métiers du professorat et de l'éducation.

59. *Eduquer à l'esprit critique – Bases théoriques et indications pratiques pour l'enseignement et la formation.* Texte d'Elena Pasquinelli et Gérald Bronner. Rapport disponible sur le site du réseau Canopé.

Chapitre 4
(pages 193 à 214)

1. Faut-il vraiment signaler qu'il s'agit d'une phrase de l'ignoble Raoul Volfoni dans *Les Tontons flingueurs* ?

2. Dans son texte de 1908, *La Pulsion d'agression dans la vie et dans la névrose.*

3. *Pourquoi la guerre ?,* Rivages poche.

4. *Les Petits Camarades,* essai sur Jean-Paul Sartre et Raymond Aron, L'Age d'Homme, 1987.

5. Raymond Aron, *Mémoires*, édition intégrale inédite, « Bouquins », Robert Laffont, pp. 665-666.

6. Sur le site britannique Unherd, repris par la revue en ligne *Telos*.

7. *L'Homme à la découverte de son âme*, CG Jung, Albin Michel, 1987.

8. *Mélange*, Paul Valéry, Rivages poche, 2019.

9. *Le Courage de la nuance*, Editions du Seuil, 2021, pp. 47-53.

10. *La Vie littéraire*, FB Editions, 2015.

11. *Philosophie zoologique* (1809), Garnier-Flammarion, 1994.

12. Nietzsche, *Humain, trop humain*, IX, aphorisme 506.

13. En moyenne, une conférence TedX dure entre 10 et 18 minutes (pourtant, parfois, cela semble bien plus long…).

14. « Lack of Nuance is not the Problem », Chronique dans le *New York Times*, 19 avril 2013.

15. *A se tordre*, Alphonse Allais, Garnier-Flammarion, 2002.

16. *Caligula,* acte II, scène 14 « Folio », Gallimard.

17. *Biographie d'Agricola*, traduction Danielle De Clercq-Douillet, UCL, 2000.

18. In *Actuelles, Réponses à Emmanuel d'Astier de la Vigerie*, pp. 140-150.

19. *Le Neutre*, Editions du Seuil, 2002.

20. Entretien avec Fabien Deglise, *Le Devoir*, 11 novembre 2017, à l'occasion de la sortie de son livre *Cher Lecteur*, chez José Corti.

21. *Petit Traité à l'usage de ceux qui veulent toujours avoir raison*, José Corti, 1999, p. 167.

22. Dans la revue *Caliban*, janvier 1947.

23. *Le Neutre,* Editions du Seuil, 2002, pp. 116-121.
24. *Questions sur l'Encyclopédie*, « Bouquins », Robert Laffont, 2019.
25. *Mémoires*, Robert Laffont, p. 813.
26. En mars 2019, par des antiracistes.
27. *L'Homme révolté.*
28. *Mythologiques – Le Cru et le Cuit*, Plon, 1964.
29. *All Things Considered*, 1908.
30. Etienne Klein*, Le Goût du vrai*, « Tracts », Gallimard, juillet 2020.
31. *Les Essais*, livre II, chap. 12.

Epilogue
(pages 215 à 220)

1. A l'espace culturel L'Ecole des filles d'Huelgoat, *Ouest France*, 1er août 2020.
2. « *Education is the path from cocky ignorance to miserable uncertainty* ».
3. *Les Essais*, livre I, chap. 26.
4. *L'Art d'avoir toujours raison,* de Schopenhauer, est un grand succès des Editions Mille et une Nuits et de Librio.

Composition et mise en pages
Nord Compo à Villeneuve-d'Ascq

MIXTE
Papier issu de
sources responsables
FSC® C003309
FSC
www.fsc.org

L'éditeur de cet ouvrage s'engage dans une démarche
de certification FSC® qui contribue à la préservation
des forêts pour les générations futures.

Pour en savoir plus :
www.editis.com/engagement-rse/

Achevé d'imprimer en octobre 2021
dans les ateliers de Normandie Roto Impression s.a.s.
61250 Lonrai (Orne)
N° d'imprimeur : 2105015

Imprimé en France